想象另一种可能

理
想
国

imaginist

基本美

周嘉宁 ——著

广西师范大学出版社
·桂林·

周嘉宁擅长在徐缓中表现撕扭，在恬淡中展示挣扎。她寻找的小说入口往往很小，却有别人看不见的风景。优雅文静的文字，饱含温度、热量和别样的情致。

——程永新（《收获》主编）

从现实看，周嘉宁的小说避免了生活的戏剧化，显现出日常的忧劳，交流的艰难和情感的困窘；从虚构看，所有的现实都被收摄为向上的可能，仿佛融入了澄澈的大湖，呈现出一种让人心动的基本美。

——黄德海（批评家）

她是一个被内在力量驱动的作家，她身上有极其固执的软弱，她的小说很容易与读者擦肩而过，当时惘然，后来想起，觉得是她主动避让。为了不让你记得，或者是她自己可以忘怀。

——路内（小说家）

读了周嘉宁的这些小说，意识到我们这一代人确实有共同的东西：历史的虚无以及对这种虚无的抵抗，不知所以的讽刺和热望，陷于自我和时代的反复纠缠……这是重大写作诞生的时刻。

——杨庆祥（诗人，批评家）

这本书里的小说以一种内在的统一性，完整地呈现了周嘉宁近年的思考——关于远去的时代和消逝的青春之间曾发生过的强烈共振。她用诗意的语言，创造了一种沉静、充满反思的“见证者”的声音。

——张悦然（小说家）

目 录

了不起的夏天

“今天喝白酒还是喝啤酒？”

“烫点黄酒是不是也不错？炸花生总也要来一碟吧？”

“你还想吃点什么，我先点起来。”

秦从办公室出来，骑车沿着延安路飞驰，手机揣在夹克衫口袋里不断振动，等他骑过三个路口停在红绿灯处掏出来看，涌进来数条短信。暗淡的印刷体毕恭毕敬地强调着不真实的温柔。唉，师傅自然地选择了那间小饭馆说是要喝个够，完全不顾公司已经在几年前便搬到了江边新的办公区域，骑车回来千里迢迢。然而要是对他提出新的建议，他便会笑眯眯地说：“啊，你说得对，不过对于我来说……”没有对抗，只有交流，任谁都无法拒绝，是非常宽厚的专横与冷硬。小饭馆位于一个老的居民小区里，公司旧址楼下，十年前便在，十年后或许也不会倒闭。油烟重，不禁烟，实惠，老板因为烧一手好菜，有种恰到好处的傲慢。而且自己带酒去也不会被索要开瓶费。

“我还有两条马路就到了。”秦一脚支在上街沿，脱下手套来费力地对着手机打字，嘴里念念有词，却被又一条新的短讯打断——“要不我先帮你要一个啤酒吧。欢迎你的到来！”——明明是欢迎你的到来啊，秦这样想着，删掉了前面打的字。笑着输入：“很好，浪漫！”几乎能感觉到自己强烈的忐忑和喜悦。然后他重新戴上手套，一鼓作气斜插入八车道的十字路口。傍晚的天气预报报了平流雾，此刻气温骤降，仿佛埋着一场坚硬的雪。

最初两年有一些关于师傅的传闻。一部分朋友说他去了俄罗斯做生意。据说他在俄罗斯念的大学，却并没有被他当作值得重视的人生经历常常提起，平日说起一些与俄罗斯相关的事务时也不见他有任何兴致，自然也没有听他说过俄语。另外一部分朋友说他去了西南荒野的山里。秦记得2001年，他俩从北京回来，师傅直接请了一段时间假，去了云南山中，住在庙里。回来以后的短时间里又去了第二趟，第二趟待的时间很短。旁人可能把他之后的去向与这段经历混淆。秦却更倾向于这种说法，虽然他很清楚师傅对于世间的事情绝非应付不来，也没有什么要躲起来的愿望，要知道他当时手头井井有条地处理着一大摊事务。然而师傅又绝没有什么勃勃野心，既不为了钱，也不为了理想，要想象他费劲地生活着根本不可能。相反他是个消耗很少的人。如果在庙里待得舒服，与和尚们一起打电脑游戏确实很像他的选择。

师傅比秦大十几岁，是行业里最年轻的创始人之一，却热衷最基层的技术活。秦和其他同届实习生对他怀有绝对的敬畏，担心被他看到自己哪怕一点点的势利或者愚昧。然而他又经常性地流露出幼稚，宽容，甚至可笑的特性。这样一个人，脾气好得不行，说话和行动却斩钉截铁，在每个重要的节点上又非常自然而然地选择背道而驰的轻松道路。即便是现在，秦也很难说自己理解人生的复杂，更不用说在当时，对于师傅的很多言行只能报以讪讪一笑，蒙混过关。

然而把在网吧里打《三角洲》的师傅叠加到寂静的寺庙里，秦从未感到任何困扰。师傅离开以后，他也没有具体思索过师傅的去向。况且师傅并非消失，他按照程序办理了离职，郑重地和同事们道别。甚至有过欢送会。秦无法回忆起任何欢送会的细节，却能够想起那一年的尾声，他们无数次从机房出来，围坐在楼下小饭馆挨着厨房的桌子旁边，反复告别。温柔和愉悦的气氛叫人难以忘怀。

师傅离开半年以后，秦转为正式员工。人事部的女同事体贴地安排了师傅坐过的机位给他。之后秦在短短的时间里成为主任，部门主管，地区主管。仿佛代替师傅完成了他一部分既定的人生。

只是秦内心清楚，这部分既定的人生或许只是好运相伴。而且这个行业没有技术的进步可言，只有时间累积而成的经验。占领了一个又一个的堡垒，却丝毫没有成功的喜悦。长此以往，便因为滞留感而产生深深的自我怀疑和失望。师傅从未谈论过这些，可能是因为他预见到了这个阶段便早早退出，导致他给人留下的最后印象依然带有拓荒者般的粗糙和兴奋。秦的性格虽然与师傅相差甚远，却笨拙地学习着师傅说话的语气，神态，性格中令人费解的片段。这样，当人们停止讨论他，忘记他，秦却把他变成了一种概念或者一些词语般的存在。

秦来到公司的第一年冬天，师傅带着睡袋在秦学校宿舍闲置的下铺度过了一整个寒假。他们从没有谈论过原因。中间秦回家过年，又提前回来。穿过空无一人的操场，走廊，回到宿舍。桌子上放着泡面，饼干，火腿肠，牛奶的空盒子和烟灰缸里排列得整整齐齐的烟头。师傅把睡袋的拉链拉到下巴，在里面呼呼大睡。秦感觉自己被信任，也感觉到一种必将非常持久的情谊，接着也倒头在旁边的铺位里睡了过去。醒来时感觉是第二天，却其实是夜晚。师傅已经从睡袋里爬了出来，正在套一条脏兮兮的牛仔裤。"真鸡巴冷啊，没有暖气内裤都没有干。"师傅背对着他发出这样的感慨。

师傅来自于哪里，有没有结婚，父母是否健康，为什么那个寒假无家可归，这些事情他们之间从来没有谈论过。但是秦总能记得师傅套上裤子时肩胛骨往后顶的姿态，潇洒，年轻，坚定。对他来说比起日常的经历，抽象的细节更能定义一个人的存在。校外摆摊的外地人大多还没有回来，学校趁着假期大兴土木。他们后来沿着工地走了很长的路，饿得直哆嗦，内心却充满了期待。

这种炙热和温柔的期待，仿佛确实随着师傅的离开而从生活中消失了。秦在小饭馆门口锁自行车的时候突然哆哆嗦嗦地想起来。

“欢迎光临！”——暖和的油烟气和喧闹声一起涌上来，秦拉开小饭馆的棉被帘，瞬间流出了鼻涕。师傅坐在门口的小方桌边，笑眯眯地，坚决地，朝秦举起右手，大声招呼。

“真鸡巴冷啊。”秦不由复述了一遍刚刚跃入脑海的话。

于是两个人既没有要白酒，也没有要啤酒，叫老板切了姜丝，烫了一瓶黄酒。又迅速要了花生，拍黄瓜，回锅肉和椒盐小黄鱼。身后的两张大桌坐着两组吃开年饭的公司职工，还不断有人加入进来，每进来一个人就掀起一阵劝酒的小高潮。门口的切配工人则在处理新鲜的羊肉，抽筋，去骨，师傅像是刚刚返回人间似的看得入迷，不时地扭头赞叹工人流畅的动作与节奏感，眼睛闪闪发光，动人的真诚和专注从某种程度上缓解了秦的紧张。他这才脱下夹克，挂在身后的椅背上，喝了一口热茶。心想，师傅可能对于时间的流逝也好，彼此的变化也好，并未察觉，或者毫不在意。

“我从单位出来的时候，同事们都在说晚上会下雪。”秦开头说。

“你有多久没有看到过雪了？”

“好像有生以来都不能算是看到过真正的雪吧。你呢？”

“雪吗？我前几天被困在圣彼得堡。开车去机场的路上，先是阴沉沉的，经过一段隧道突然就变成了漫天大雪。又因为之前已经开了几个小时，不得不在路边停了一会儿，开了闹钟想要睡上二十分钟。结果睡了一个小时。我和我的老婆，谁都没有听到闹钟。”

“等等。结婚了？”

“阴差阳错地在圣彼得堡结了婚。”

“对方是俄罗斯人？”

“中国人。姓杨。”师傅认真地回答，并没有打算对结婚这件事情多加评注，“平日里到机场只有三十分钟的路，我们又开了三个小时。到了以后却发现整个机场都关闭了。最近的跑道上停着一架试图起飞的飞机，旁边的工程车正往机翼上喷水。那种天气啊，可能就连蒸汽都会被冻住。很多来坐飞机的乘客却好像早有准备，随地铺开睡袋来，柜台里最便宜的龙舌兰和伏特加也被卖得精光。还没等我们回过神来，就连附近的连锁旅馆也订满了。既然这样，干脆开车去湖边看看吧！我心里想。”

“啊，冻住的浪！刚好不久前在一个纪录片里看到过这个。”

“是啊。瞬间冻住的浪。但其实湖在很远的地方啊。这种天气里开车得一天一夜，火车全部都停了，无论如何也不可能到达。所以最后只是开车来到最近的还有房间的旅馆，随便度过了一晚上。接下来的两天，雪忽大忽小，但完全没有要停下来的意思。感觉自己无处可去，也没有回去的可能，反而完全放松起来。再如何努力也是白费劲，这种感觉不常有，一旦产生了便愉快得不得了。不过，这种情况下，我们的航班却不可思议地在大雪里起飞了。起飞的时候，气氛非常凝重，隔着走廊的大汉不知道为什么哭了起来。等到我反应过来，我自己的眼眶也湿了。哭什么呢，你说说，真不明白啊。我在飞机上喝了太多龙舌兰了。”

“真不应该和你提起雪的事情。”

“唉，多愁善感了，多愁善感了。”

这时老板端上来烫好的黄酒，装在一把锃亮的小铜壶里，倒在玻璃杯里真的烫手到握不住。接着小菜也一溜排开，小黄鱼炸到金黄，旁边一小撮堆得尖尖的椒盐粉。黄瓜上多浇了一勺辣椒油。又附赠了一碟松脆喷香的臭豆腐。两个人赶忙拿起筷子，又想起来急匆匆地碰了个杯。

“愿天下无贼。”

“祝万寿无疆。”

正前方的电视机里照旧播放着马三立的相声，他七十九岁时讲吃饺子的那段。听不太清楚，但是两三个独自在吃盖浇饭的人也看得很起劲。两口黄酒下肚以后好想吃饺子啊。白菜猪肉。这种天气来碗撒了香菜的饺子汤也很好。秦不免走神想着那天和师傅走了很远的路，去吃了什么。那种炙热的期待的尽头是什么。

“但是你过得怎么样？我一直很担心你。”师傅打断了他。

“欸？我有什么可担心的。我——”

“大概是因为很难想象你可以成为一个社会人。”

“假装一下也没有问题。我们的公司搬到了江边，老邱看起来干劲十足。”

“我倒不是担心你这些。职业什么的真是最不值得担心的了。”

“哦？那是什么？”

“信不信佛，有无妻女什么的。”

“哈哈哈。已婚。没有孩子。也没有信佛。”

“那应该也没有迷恋茶道，抄写心经或者盘珠子吧？”

“不仅没有迷恋上任何东西，游戏机也卖了。”

“啊！”

“很快就后悔了，毕竟《辐射》也只是玩到一半，想起来游戏里的狗可能还躲在教堂里等我，想要消磨时间的时候也没有办法再在废土上随意游荡。我也没有好好玩，整天就在小镇里捡相片，录音带和电风扇什么的。远一点的地方都不想去，各种各样的势力挺烦人的。存活下来的坏人，改造人，怪物。如果不急着杀怪，也不追求剧情的推进，就可以一直闲逛着，捡捡垃圾。”

“哦。这样也仿佛是在观光旅行。”

“哈哈。你这样理解也很对。而且游戏里的音乐也很好，因为背景的设置是二战以后，披头士还没有诞生。明明是非常陌生和冷酷到讥讽的背景，却仿佛可以感受到时代的洪流。”说到这儿，他们觉得仿佛周围的人都一起为了

"时代的洪流"而静默了一会儿，直到老板拿起遥控机把电视转到了某个地方台的新闻——"这盘古宾馆住一晚上得好几千吧！"接着旁边桌的人纷纷感慨起盘古宾馆有多难看，为了举办奥运会花了多少纳税人的钱，刘翔的伤情到底如何。继而干脆谈论起了奥林匹克精神。

"我还挺想去看看奥运会的。"秦低声说。

"唔？"师傅不置可否地点点头，秦却从他脸上捕捉到稍纵即逝的奇怪表情，讥讽混杂着稍稍的愤怒。他突然冒出强烈的念头，他在那一刻理解了师傅，短暂地，彻底地。然而理解带来的并非认同，完全不是。却是清晰的轻蔑和失望，甚至是与师傅的讥讽和愤怒所对抗的另外一种讥讽和愤怒。但是他适时截住了这种想法，关闭了思维的通道，也同样不置可否地发出一个语气词。

"啊，你还记得2001年的夏天吧。真是一个了不起的夏天。"师傅却突然振奋地说。

"是啊。真是一个了不起的夏天！"

然而秦竟然差点忘记。2001年的夏天，秦作为实习生第一次被派去北京出差，和师傅两个人住在地坛体育馆旁边的旅馆里。他们的房间是一间地下室，却凉爽整洁，每天早晨都有保洁工人放一只泡满热水的暖水瓶进来。茶叶水果也是免费更换。虽然是工作，秦却把这段经历作为成年后的第一次旅行来看待，非常重大。这是他第一次坐飞机，第一次离开上海，独自走在异乡的马路上。而北京的夏天非常可爱。干燥，明亮。趁着工作之余，他坐公车去北京大学看望了高中同桌，然后逛了颐和园，爬过万寿山，在昆明湖边留下照片。

结束工作正逢周五，于是秦和师傅商量再多待两天，师傅欣然答应。他们中午收工以后一起去逛了北海公园，划了船。师傅在船上高声唱了《让我们荡起双桨》。之后他们在鼓楼吃了炒肝和包子，又去东四吃了卤煮，厨子从大锅里爽快地舀了两大勺，掰了一个囊饼。撒足了香菜和大蒜。师傅吃什么都往里面淋醋，日后秦也养成了这样的习惯，吃牛肉面也好，包子也好，都要淋醋。到了晚上，他们在旅馆门口的小卖部买了一打燕京啤酒和一袋盐水花生，守着电视看申奥揭晓的直播。

秦认为那天全世界的人都在电视机前，至少整个中国是这样的。视平线上方的天窗里传来门卫房间的电视声，偶尔有匆忙的脚步掠过，仿佛也正奔向某个消息的终点。师傅坐在一把靠背椅上，穿着沙滩裤，右手不停交换着啤酒瓶和花生。现在回想起来，师傅正处于一种无法解释的焦躁中，却被当时的秦解读为激动。而秦自己是激动的，激动非凡，甚至因为人生第一次身处集体性的大事件中，而产生了庄重和肃穆感。他就和电视镜头里扫过的人群一样，他们席地坐在广场上，街道的大屏幕底下，自习教室里，会议室里，家里，保持着视线和神情的一致，静默，祈祷。那种紧张和期待都是今后再不可复制的朴素，甚至纯洁。他以为自己会永远地记住这一天，会在今后漫长的人生中反复和朋友们回忆起当日的场景。

等到十点，萨马兰奇缓缓地说出“北京”两个字，现在回想起来这幅电视画面，和那些重要的历史片段毫无两样，带有时代的叠影和回声。秦目瞪口呆地扭头看着师傅，师傅也正看着他，“牛逼啊！”他们可能是异口同声地说。接下来的两三分钟里，他们抓起各自的T恤，踩着球鞋往门外跑，跳上马路上撞见的第一辆出租车——“哥们，我们去天安门！”

疯狂的夜晚和街道。从两侧开过去的夏利和吉普全都敞开着车窗，人们探出身体，挥舞着双手或者国旗。过路的天桥上全都站满人，不知道他们站在那里做什么，但是秦有种强烈的想要跳下车去跻身其中的冲动。出租车的行驶非常缓慢，司机开着窗抽烟，热烈地和他们交谈。而秦注视着外面明亮的街灯，宽阔的马路，几次抑制住想要落泪的冲动。兴奋到高潮处反而涌现的悲伤令他非常迷惘，这些也都不好意思被师傅发现。最后司机在王府井附近停了下来："没法再往前开了，往前走，顺着长安街就能走到天安门了。"

于是他们下车，在小卖部买了水和烟，往天安门走，希望能赶上国家领导在广场上的讲话。但是之后在秦的记忆中并没有这场讲话，他从未亲眼见到过领导人。可能他们没有在此之间到达，或者已经到达，而广场上令人震惊的人群覆盖了秦对于讲话的记忆。他从未见过那么多的人，逆向的，横向的。而且所有人都如此振奋，散播着几近烂漫的开心情绪。迎面走来的陌生人互相致意，市民组成的锣鼓队来自四面八方。一些年轻人站在空的公交车顶上唱《国际歌》和《恋曲 1990》。

直到天安门第一次出现在秦的眼前。在这样的时间，以这样的形式，带给他的心灵以强烈的震荡。它过分巨大，过分清晰，过分明亮，把周围的现实衬托成了短暂的黑暗。

真害怕活不到2008年啊！秦站在原地这样想。竟然感觉到害怕。

接近凌晨的时候，师傅先回旅馆睡觉去了，秦留下来等待清晨的升旗仪式。接下来他又沿着长安街从东往西走。北京大学的同学给他打电话，他们在电话里兴奋地说了一通，那头说他们一大群人也在广场，一会儿要找个地方涮羊肉庆祝。秦说好去和他们碰头，但是半个小时以后来到汇合点却没有找到人。手机电池耗尽，体力也差不多了。接近清晨的时间变得非常难熬，大部分的人散了，空的公交车开始往回撤，地上留下来很多垃圾和纸片。秦回到人民英雄纪念碑前面的空地上，用双肩包枕着头躺在台阶上，望着天安门，很快睡着了。

他错过了升旗仪式，而且因为没有带足够多的钱，决定走路回旅馆。中间他在北河沿附近停下来吃了一笼包子和一碗豆花，街道慢慢冒出暑气，白晃晃的日光终结了幻觉般的夜晚。回到旅馆的时候，保洁工人早已放好了热水瓶，师傅还在睡觉。房间里静悄悄的，幽暗凉爽，被庇护于白日，秦也立刻倒在了床上。

当天晚上他们坐卧铺离开北京，师傅很长一段时间坐在靠窗的小凳上，既不抽烟，也不交谈。夜晚的车厢中有人走动，有人讲梦话，经过一个个地图上的节点。秦躺在上铺，对未来做出一些模棱两可的计划。中间秦轻轻地问师傅："这是你第几次来北京？"

"第一百次，可能一百零一次。"一个来自黑暗中的回答。

计划不知道有没有实现，因为它们几经更迭，早就变得不重要。当秦再次想起这件事情的时候，想起师傅沉默的侧影和外面无边的黑暗中偶尔出现的灯火，他自己曾经的焦躁迷惘变成了某种不可描述的冷酷情绪，连带着的是眼前握着一只玻璃杯的师傅从概念和词语变成了实体。他从师傅潇洒的状态中敏锐地感觉到了软弱和失望——但是他同样再次止住了自己的念头。秦让老板烫了第二壶黄酒，他知道自己的问题，希望自己至少能够在与师傅的相处中，恢复到善意的柔软。

"这样说起来，2004 年奥运会的时候你在哪里。"

“啊，2004 年——不好意思地说，多半是在写论文。”师傅停顿了一下，露出复杂的神情，像是要掩饰一种笑意，又仿佛有钱人在谈论财富。之后他低声补充，“我真是一个很老的学生。”

“在圣彼得堡？”

“是啊，如果不是因为念书，很难在那个地方待那么长的时间。但也并不是像你想的那样。”

“我没有仔细想过这件事情。你去了哪里，根本没有头绪。”

“但是去了哪里也都没有什么两样。换了一种环境的消耗，当然我当时并不知道。”

“我能想到你会这样说。”

“我并不想要什么自由啊，甚至进步。都不想要，或者用你的话讲，没有仔细想过这些事情。自己也没有办法判断知识的索取是否就是原始的欲望，或者新的可能性是否有意义。我以前喜欢的书啊电影啊都是致敬失败者的，我在这个社会结构中的理想状态是一个失败者。但其实轮到自己下沉的时候，就不免想要挣扎，生存本能般地抬起头来。既想要做一个破坏者，又没法摆脱功利心。念书也好，论文也好，给人一种平静的幻觉，绝对的宽慰。其实也不失为一种功利心，好像就能以最低的成本获得一些什么。”

秦点点头。

“还是说说2004年奥运会吧。你那会儿在做什么？”

“我和当时的女友住在附近的老式小区里，就在这里隔壁。一室户，厨房在过道里。我们把阳台隔成了所谓的工作间，其实谁都没有真的在那里工作过。我不太爱看田径比赛的，但是刘翔决赛的那天晚上不知道为什么会坐在电视机跟前。女朋友不在。然后刘翔过线的时候我叫了起来。意料之外的低吼，然后整个小区里吼叫声此起彼伏。夏天那些打开的窗户，那些阳台。即便是现在，我都觉得这可能是我成年以后最喜悦的时刻，我竟然坐在凉席上笑出了声来。”

“那可能是一种荷尔蒙恰逢大事件的反应。”

“不。不是这样的。后来我每获得一些什么的时候都会回忆起这个时刻。工作上有了飞跃也好，结婚也好。但是从来没有哪个时刻的喜悦可以和当时相比。真奇怪啊。明明是一件和自己根本没有关系的事情。你念书的时候有过这样的喜悦吗？”

“非常少，几乎没有，倒是经常处于堪称是行尸走肉的状态。”

“我觉得我可能是喜欢集体，集体主义？这个词到底是什么意思？”

“这样也没有什么不好。毕竟喜悦并不是什么非常要紧的事情。”

“不，不是这样的！喜悦是当今最被低估的感情，我恰恰觉得应该要重新评价它的价值。”

师傅抬起头来认真地看着秦，正当秦要为刚刚那番话不好意思地扭过脸去的时候，师傅却突然说：“嚯！有没有人说过你和刘翔很像？”

“啊，不好意思！不过2004年的时候比现在更像，可能是更瘦一点吧，几乎就是一个小号的刘翔。家里人也很震惊。刘翔夺冠第二天各家报纸都用他冲线的照片做了整版，我妈竟然保留了好几份。天，真不知道她是怎么想的。后来还碰到过在餐馆里被上了年纪的阿姨索要签名的事情。弄得非常尴尬。”

“哈哈哈哈。”

“老板，再烫一壶酒。”

"不，不了！"师傅出乎意料地做出终止的姿势，"我们不要浪费时间。"

"但这个晚上我们什么都做不了。"秦感觉到酒精带给他的轻盈和理直气壮的沮丧。

"我带你去一个地方。我们还是可以继续度过一个有一点喜悦的夜晚。"

半个小时以后，秦被师傅用自行车载着来到一个剧场。这个剧场可能有过风光的时候，解放初期梅兰芳和苏联的芭蕾舞大师都曾在这里演出，现在则依靠老干部的联欢会和业余票友们维持着营生，甚至还有马戏表演。尽管地上粗暴地覆盖着破旧俗气的大面积红色地毯，墙上也自然悬挂着大幅的牡丹工笔画或者是骏马图之类的东西，依旧可以看到一些庄重动人的细节，以及肃穆的氛围。门厅，休息厅，楼梯，穿堂，各个部分功能明确，布局合理。地板上露出来的马赛克，台阶的磨石子材质，被弃置的大型水晶吊灯和喷泉，无法被粗鄙毁灭的，都是持久和温柔的尊严。

秦跟着师傅走过静悄悄的大厅，推开二楼观众席厚重的门。迎面是剧场久违的气息，温度合适，沉积在椅子海绵里的烟味，灰尘。一楼零零散散地坐了一些人，都在沉默地等待着，二楼只有他俩。师傅从夹克衫里掏出一只小小的矿泉水瓶子，打开盖子，晃了晃里面的白色液体，是伏特加。他喝了一口，然后递给秦，秦便也喝了一口。还不错。

“今晚会有一个了不起的乐队演出。后摇。”

“什么是后摇，详细说说？”

“这么说吧。我写论文那两年和一个浙江的人合租一间公寓。我每天翻资料，他每天打游戏。两个人都是白天睡很短一段时间，傍晚起床。我们有时候一起出去买比萨，回来的时候下一点雨，这样很快就冬天了。到了冬天就更少出门。大家都觉得这哥们特别丧，挥霍家里的钱。但其实在圣彼得堡也花不了多少钱。而且在我看来，他比我们其他人更有希望。我陷在资料里毫无头绪，连基本的框架都搭建不起来，这种情况起码持续了一年。而他在游戏里过关斩将的。虚构世界又怎么样呢，管他是虚构的还是现实的呢。所以你真不应该把游戏机卖了。”

“你那时候听这个乐队？”

“倒也不是，这个乐队是后来的事情了。我就是突然想到了。因为也不知道如何给你解释。”

“现在那哥们呢？”

“他是学农业的，家里在浙江有个工厂。后来在马来西亚买了一块地，种榴莲。但是第一批榴莲要等五年才能长出来。我想想现在过去了多少年。”

剧场的灯光暗了下来，他们停止了交谈。幕布升起来以后，有人站出来匆匆报了幕，他说：“你们可能不相信，接下来是马戏团的表演！”秦被这种说法弄得一头雾水，但是乐队已经登场。一个穿白色衬衫的小提琴手，一个穿毛衣的吉他手和一个穿着夹克的鼓手，没头没脑地开始演奏。秦完全没有进入状态，他还在思索着一些无关紧要的事情。羞愧地说来，相比现在坐在某个奇怪剧场的二楼，表演一种仿佛属于小说的情节，他更喜欢遵循世间的规则。而且他向来做得非常好，从中得到即便不是喜悦的满足。就连酒精带来的轻松也已经在某个瞬间彻底消失了，他感觉到自己在疲惫地下沉。

“你有没有一种感觉，在奥运会之后，世界将会变得更不一样？”师傅喝了一口酒，秦也是。

“是好的还是坏的？”

"是变得更坚固，非常的坚固。"

"我也不是很清楚。据说接下来要全面禁烟了。"

"那你怎么还那么起劲呢？"

"我怎么起劲了？"

"你要去北京看奥运会。"

秦沉默了，接着他被演奏带入了某种奇怪的情绪。一段小提琴的独奏配合粗糙的鼓点，又癫狂，又沮丧。大段的循环之后仿佛要冲往时间的尽头，却始终没有结束。他感到既哀伤又烦躁。演出者的状态并没有很好，仿佛彼此之间都靠着意念在继续，呼唤者与被呼唤者之间也很少有相互回应。作为听者来说，似乎要做到足够漫不经心才能够与音乐达成微妙的和谐，漫不经心恰恰是秦所不具备的好品质。

提琴在焦虑中很快变成了锯木般的白色噪音，又薄又脆，所有缓慢潜行的暗流知觉都消失了，想象变得像纸刃般洁白，明亮，锐利。再粗糙的鼓也无法使它沉降。

太讨厌了！秦希望自己能说出来，他被这讨厌的音乐折磨得头昏脑涨。他讨厌这样的音乐，以及它所代表的自由也好，伤感也好，以及过分正确的堕落和抗议。都是噪音，都是讨厌至极的玩意。

这样持续了四十分钟以后，突然幕布强行关闭，一楼亮起了灯，但小提琴依然在继续。秦这才在光线中看到有一个外国旅行团在底下占据了好几排位置，正乖乖地等待着真正的马戏团表演。或许这个隐蔽的演出并没有和剧场方面达成共识。但无论怎么说，这真是一个滑稽的场面，什么都没有弄明白的外国旅行团，穿着羽绒服的美国人，彼此张望着，冷飕飕地坐在愤怒的乐迷中间。

秦不由想要哈哈大笑。他完全喝多了。所以在看到一个人跳上舞台拉开幕布的时候他并没有意识到那个人是师傅。

师傅轻盈地跳上舞台，像一头在悬崖上跳跃的山羊，幕布被拉开后，又缓慢地强行关拢。小提琴继续着，变成刺耳的幻觉。师傅第二次跳了上去，再次拉开，然后迅速消失在了暗角。底下响起欢呼，旅行团的人也喜悦地站起来拍手，暂时所有人都忘记了马戏团的事情。

秦看着眼前的情景，被奇妙的情绪冲击，强烈而复杂。一方面在进一步明确和坚固了自己边界的同时，感觉到某种尴尬。另一方面他被类似年轻或者青春的气焰震慑。站在一个男人的角度，困惑地意识到时间并没有给师傅以任何形式的馈赠，那些可以被称之为进步，或者退步，或者滞留的状态，在师傅身上完全感觉不到。有一件小事，在秦刚刚走进小饭馆的时候便模糊地意识到，直到现在才得以明确地说出来，师傅从某种角度来说，仿佛回到了他们相识之前，或者说他重新获得了——唉，那种状态虽然有迹可循，对于秦来说却未免太过抽象。

然而在秦转为正式员工的那天，老邱曾经和他进行了一场漫长的谈话。当时师傅已经没有了音讯。对于老邱来说这件事情要更残酷些，几乎相当于是抛弃或者背叛。但是老邱对师傅有着期待和忍耐，介乎哥们与父亲之间，这种朴素的情感，之后秦在与老邱的相处中，也深深地感受到。

“你看过《三个火枪手》吗？你认识他太晚，就连我也很遗憾没有亲眼看到一个20世纪的达达尼昂从加斯科尼走出来是什么景象，”老邱的语气过分郑重，“一直很遗憾太晚认识他，否则那画面一定引人入胜。”

是啊，太遗憾了。也没有办法在这个注定要发生剧烈变化的地方成为他邂逅的第一个火枪手。机会一旦错过就再也无法重来，只能等待下一个来自于荒原的救世主，而我们始终做好再一次巧妙错过的准备——这可能是老邱的原话，或者是秦记忆中一而再，再而三的复述。继而在他意识某处的荒原，升起巨大的明亮的黄色星星。一颗，两颗，很多颗。

二〇一七年四月

假开心

“我们认识的时候，你才只有二十岁。”小山喝大以后常常这样说，然后他朝我举起酒杯，one shot！一口气喝完以后几乎要战栗着跺一下脚。

场所合适的话，我们最愿意喝的是各种烈酒。近两年我们发掘了两个隐蔽的酒吧，隐蔽指的是地理位置。两个酒吧都位于紧挨闹市区的小马路上，没有招牌，但是推门以后，生意却好到不行，经常需要等位。我们都是没有耐心的人，这种时候却愿意忍受。两间都以鸡尾酒作为特色。一间稍微便宜些，光顾的多是附近常驻的欧洲人，提供用芝士煮的毛豆下酒（在其他任何地方都没有吃到过）。另外一间贵了不少，尽管地方很大，但是在酒鬼圈里实在名气太响，有时候不得不因为等位时间太久而放弃。单单就酒来讲，后面那家更好，酒单做了不少创意，却并不花哨，看得出老板专业的态度，而且还特意用海明威命名了一种威士忌做底的鸡尾酒。可惜装修风格过分花哨，桌子和椅子的间距也有问题，音乐不错，但是太响。和小山在一起还好，我们不太交谈，换作其他人，就会有些伤脑筋。

和四五个朋友的话，去的更多的是居酒屋。也有两间常去的，食物说不上有多好吃，但是烤串也好，纳豆也好，煮萝卜也好，玉子烧也好，该有的都有。最主要是生啤非常便宜，完全可以敞开了喝。

冬天偶尔去街边的热气羊肉店喝瓶装啤酒。一年里也总有一两次会叫上一大伙人去唱卡拉OK。从十二月份到来年开春前，则趁着各种节日，在我家里吃几顿火锅。我准备两瓶红酒，小山带上一瓶朗姆酒或者一瓶金酒，一塑料袋罐装啤酒。我租过的房子都非常适合喝酒。不大不小，正好可以把人围拢在沙发前的区域，又不会感觉局促。勉强称得上干净，杂乱维持在恰好的程度，喝酒的时候不会感觉畏手畏脚。抽烟没有关系，烟灰落在地上也不扎眼。

但不管是在哪里喝酒，小山都会喝醉。通常他用两三杯shot迅速把自己带入中间地带，等待意识的缝隙渐渐发出咔嗒咔嗒的声响，接着放慢节奏，要一杯兑过水的威士忌，这时候他才算是开始喝酒了。因此啤酒对他来说太缓慢，红酒复杂的口感反倒成为感官上的干扰，而且相对烈酒来说，开到一瓶好红酒的几率要低很多。虽然小山家里藏着几瓶不错的威士忌，但他平时最常喝的是日本产的白州或者山崎，价格合适，容易买到。他的工作和卖酒有些关系，对各种酒都能说上几句。

“我不是卖酒的，说了多少遍，我是 IT 男，而且去年已经换了工作。”每次他都不得不纠正我，但他确实曾经在一家制酒的外国公司工作，是个正经上班族。不仅如此，不到四十岁便已经成为高管，公司在使馆区，薪水当然也很可观。到底赚多少钱，工作的具体内容是什么，我们却从没聊起过。

“我现在是全球最大的管理软件公司在中国消费品行业的首席忽悠官。”

“什么是管理软件公司？”

“软件是用来做企业管理的。说了你也不明白。我估计你连什么叫企业都不知道。”

“哈哈哈。”

“你这样可不行。”

“就是因为你对我来说是非常重要的人，所以才根本没有想过你到底是做什么的。”

“唉，唉。不是说这个。我是说你喝酒太慢，这样可不行，什么时候才能喝醉啊。”

谁不喜欢喝醉呢。一年四季的醉略有不同，却各有各的妙。冬天从热乎乎的小酒馆里出来，披着大衣在寂静的马路上歪歪斜斜地走两步，清冽的空气从鼻子猛灌进肺里。夏天从傍晚就开始喝酒，夜晚仿佛永远都不会到来。秋天我们抓紧最后的机会在室外喝酒。春天，春天最能体会到动物性的感伤和喜悦。

今年小山四十岁，我三十一岁。认识了十一年是一个什么概念——起初觉得他是位社会经验丰富的前辈，渐渐地便成为同龄人。我和其余一些朋友也有超过五年的交情，哪怕是以十年为界，依然能找到比小山认识年数更长的朋友（比如阿敏，我们的交往从中学一年级开始便没有中断过），甚至过了三十岁，依然幸运地交到了一两位崭新的朋友。因此，所谓成年以后很难交到朋友的魔咒并未在我身上兑现。

而小山的不同之处大概在于，他认识我的时候，我恰好二十岁。我一直不知道该如何描述那段时间，直到后来读到一位日本摄影师影集里的话:“如果真有一段可以称为青春的岁月，我想，那指的并非某段期间的一般状态，而是一段通过青涩内在，在阳光的照射下轻飘摇晃，接近透明而无为的时间吧。也是被丢进自我意识泛滥之大海时所遭遇的瞬间陶醉。换句话说，那是一种光荣的贫瘠，伟大的缺席。”——正是如此。

也就是说，我们相识在一段几近空白的时间里。漫长的，白晃晃的，与世隔绝的。这段时间与之前或者之后全然没有关系，就这样凭空存在着。我相信小山提起“二十岁的我”，他并没有想起确切的我。他既是霍尔顿，又是盖茨比，又是渡边彻。所以他想起的大概只是他的愿望，而不是发生过的现实。

“我们奋力向前，小舟逆水而上，不断地被浪潮推回到过去。”

二十岁的夏天，大学一年级暑假。阿敏在 OICQ 聊天室里认识了小山，两个人都是九寸钉乐队和金属乐队的死忠。虽然不清楚小山是怎么样的人，我对阿敏却再熟悉不过。我们中学六年都是同班同学，之后又在同一所大学念两个专业，毕业旅行和大学报到都是一块儿去的。就连父母们也因为我俩的缘故成为了经常往来的朋友，考虑搬家时甚至商量了一下，把家里的房子买到了同一个小区。我的父母非常喜欢阿敏，常常拿她作为我的参照物，她向来给人一种处事稳妥，温柔谦和的印象，却不知道那其实是因为她对入流的大部分事物完全不感兴趣。比方说她从来不修饰外表，朴素到了放任自流的地步，学业也是马马虎虎地糊弄，没有什么明确的人生理想，既不想发财，也不想周游世界。虽然因为专业是政治学的原因热衷谈论宏观的玩意，思考问题也非常严肃，但绝对不是因为感觉自己背负着什么了不起的使命。

阿敏和我谈论小山，把他们在聊天室的对话复述给我，又和小山谈论我（不是自夸，我也是一个蛮有意思的人，只不过坚持的事情和阿敏略有不同）。于是我和小山之间也借此交流着，依靠句子和标点符号构建起对彼此粗略的印象。笼统地来说，小山有一颗少年的心灵——年龄虽然增长，却无法把一些事情视为理所当然，对约定俗成的东西格外警惕。除此之外，他聪明，好学，了解世界的运行规则。

然而，这些特征无法解释清楚阿敏对小山的感情。小山对阿敏来说，是一个陨石级别的人。爆炸，燃烧，像一道白光照亮她世界的每个角落。

晚上，阿敏坐在我宿舍的床上和小山打电话，我在旁边写作业或者看连续剧。他们为空泛的问题争论不休，阿敏不时放下电话和我说一会儿，询问我的意见，再接着和小山讲。“9·11”的那晚，宿舍的走廊里面人头攒动，所有的无线电台都打开着。阿敏紧握着电话，我站在她旁边，听小山在电话那头给我们转述网络上看到的最新消息。我们感觉震撼，恐惧，力所能及地用极度贫乏的经验和知识谈论着美国梦，国家机器，然而这些词语如同外部世界一样过分庞大，我们根本无法触及它们的边界。

那段时间，我们三个人的关系大概接近于《挪威的森林》，只是很难将我们和绿子，直子以及渡边彻一一对应起来。从人物关系上来说，阿敏更像是渡边彻，我和小山则担当着直子和绿子的部分，各自占据阿敏人生重要的部分，只是性别是错乱的，角色也在时刻转换。就是在那段近乎透明的青春时期，我和他俩之间产生了一种亲人般的感情，这种感情又与精神的成长紧密联结在一起。或许是因为阿敏把小山当成是我的另一个分身，这个分身完整着阿敏另一部分我所不了解的灵魂，我竟然也在不知不觉间认同了这一点，感觉小山是宇宙间的另外一个我，并且像理解我自己一样去理解他。

大学二年级的一天，阿敏问我："男人是不是都应该想做那件事情？"

我当时刚刚交往了第一个男朋友，虽然自然地发生了性关系，但是对男人和性的了解却并没有比从文学小说和星座书里读来的多多少。

"如果男人不想和你上床的话，应该说明他不喜欢你吧？"她继续问。

"理论上说来是没错。但是——"

"小山不肯跟我上床，也只能是因为他不喜欢我吧。"

"唔，也可能是其他什么原因。身体的缘故啊，奇怪的信仰什么的。"

"身体完全没有问题。而且其他事情我们也都做过。接吻还相当不错，”她不好意思地笑起来，“该有的反应全部都有，有时候还主动要求我帮他用手解决，解决完了以后抱在一起睡觉也很好，但是无论如何他都不肯完成最后一步。”

“他是怎么说的？”

“没有理由。固执地坚持，认为他不应该这么做。但是人得有多大的意志力才能违背身体的愿望啊。”

“这样听起来不过是一个自私和不肯负责的人。”

“我倒觉得不是这样的。他这个人，压根不会去想责任不责任的事情。如果真的想到这个，讲不定还会故意忤逆规则去做些什么呢。”

“不过人坚持一件事情，总是有理由的。”

“大概——是因为他的女朋友。”

“什么！”

“哦哦。是前女友。小山有一个前女友。”

“和这有什么关系？”

“小山说如果前女友回来找他，我们的关系就必须立刻结束。不管是什么时候。”

“他是这样说的，就这样直接对你说的？”

“是啊。说的时候好像也完全没有觉得哪里有问题。”

“神经病。当然有问题啊。你们是在恋爱吧？”

“恋爱——这个说起来也有点复杂。”

“哪里复杂？”

“我们没有那种寻常恋爱的交往模式。比方说我们从来没有一起在外面吃过饭，更不用提逛街或者看电影这样的事情了。他没有带我见过任何朋友，大概根本没有和任何朋友提起过我。不过他的解释是他没有其他朋友。”

“总得和其他人有一些交往吧？同事也好，同学也好。”

“社会关系的交往是有，但是对他来说那只是为了维持正常生活的运转而进行的。”

“前女友到底是怎么回事？”

“说是大学里的女同学，前几年就分手了。具体为什么分手我不太清楚，对方是怎么样的人我也不了解，小山没有怎么说过。他也不是不愿意说，而是认定说出来，我也无法理解，所以干脆不说。他就是那种人啊，非常害怕误解。”

“呃。”

“唉。我应该怎么做呢。”

照理听到这样混蛋的话应该立刻跳起来骂小山，却不知怎么的，我竟然只是跟着阿敏一起，叹了口气。

尽管小山说，认识我的时候，我才二十岁，但是我们面对面交谈却已经是九年以后。所以我们共谋着，故意把时间点往前挪，把间接的，书面的，转述的时间全部都算上。

九年后的夏天，阿敏从美国回来，不是回来过暑假，而是彻底结束了学业。她的论文在最后阶段出了问题，没有能够拿到博士学位，和她一起碰到问题的还有一位印度裔的女同学。我们都认为她的导师存在明显的歧视（当时正逢中国留学生的论文抄袭问题成为敏感话题，阿敏的论文有两处引用没有标示注解，导师在未通知她修改的情况下，直接将论文提交了评审委员会），阿敏却坚持说导师是个公正的人，待她也不错，曾经为她的人生提供过建设性的建议。

因为这件事情的缘故，我和小山通过几次电话，商讨解决方法，然而其实我们所能做的，不过是胡乱地表达愤怒。阿敏的表现却和我们截然相反，她早早地决定放弃申诉，积极准备着回国事宜，甚至还利用了这段混乱时期，游览了西海岸。她的过分平静稍许惹恼了我们，但无论如何，她回国是这一两年里发生的最好的事情。

我们三个在一间居酒屋见面，为阿敏接风。

阿敏和小山早就不是恋人关系了。在他们交往的第二年，小山的前女友回来找他，小山单方面中断了与阿敏之间的关系。但是在阿敏的坚持和妥协下，他们艰难地维护住了一段友谊。我是一个见证人和半个参与者。这段友谊如同独立器官般存活，随着阿敏出国留学，渐渐地与我们各自面对着的世界都变得毫无关联。它几次衰竭，却又因为其中一个人的努力或者一段境遇而继续了下去，终于变成了一个理所当然的存在。之后阿敏又交往了若干男友，或长或短的关系，都非常自然地终结了。

至于小山的私人生活，我一无所知。

晚饭吃得很愉快，周围很吵，左右两桌的人都吃得东倒西歪的，我们也因此胃口大开。咕嘟咕嘟的博多锅端上来以后，我们像那些久别重逢的朋友一样，聊起二十岁左右发生的事情。小山坚持说他曾经见过我："你们毕业那年，有一回坐车经过你们学校，看见你在车站上等公交车，当时就和阿敏讲了，因为外貌和她的描述完全符合，但是她说不可能有这种事情，不可能因为听到一个人的描述就认得出来。现在看到你，觉得没错，肯定没认错人。”

“别闹了，这么久的事情不可能记得那么清楚。”阿敏打断了他。

我们哈哈笑着，我也伺机打量着小山。不得不说，之所以见到小山以后的一切感觉都很熨帖，确实得要归功于阿敏准确的描述，仿佛这个人始终以语言的形式存在于我们中间。他的头发很短（阿敏说摸上去很硬，抱在一起会被扎到），大概是自己用电动刨子简单处理的，不像是那种会费心去理发店的男人。不瘦，但也并不让人感觉有赘肉。穿着一件颜色稍有些花哨的格子衬衫，虽然是个 IT 男，却给人一种在意自己年龄的印象。总的来说相貌平平，也看不出什么突出的性格，因此令人感觉非常亲切，是个性格直接的人。自卑也好，偏执也好，自我膨胀也好，这些令人厌烦的特质看起来都和他没有关系。

这样不偏不倚的相貌会误让人觉得他或许只是个平庸无聊的人，然而一旦他开口说话，却妙趣横生。他的幽默感又是天真的，丝毫没有粗鄙猥琐的成分，更没有故意讨好。每次服务生过来倒茶，都飞快地瞥他一眼，又捂嘴笑着跑开。

而我们一轮清酒，一轮生啤地交换喝（主要是我和小山，阿敏只喝了一杯掺过梅酒的乌龙茶），不知不觉地也都喝多了。大笑一通之后纷纷陷入暂时的沉默。

“你还记得那会儿我俩一起写一个博客，叫什么来着，假开心？”阿敏放下筷子问。

“是啊。Fake Happiness。我是你俩最值得骄傲的读者，”小山插嘴，“唯一的。”

阿敏还在美国的时候，有一年冬天我们开了这个博客，除了小山没有其他人知道，也没有其他读者。里面记录的全是做饭的流水账。今天阿敏包了韭菜鸡蛋饺子，烤了牛油蛋糕，我半夜里炸了肉丸子，这些细小的事情，都会详细地写下来，有的时候还配上图片。因为写这个博客的缘故，也更认真地做饭，好像由此而对生活打起了精神来。

“其实我根本不喜欢做饭。”阿敏说。

“欸？”

“那年冬天一直在下大雪，我不会开车，如果男友周末有事不能过来，我就没法去超市，只能待在家里用一点点食物做东西填饱肚子。但其实根本不享受这个过程。”

“啊，我一点都没有发现，在我看来，我还像是受到你的鼓励。那会儿你教我做烧卖的事情也记得清清楚楚，现在我也还会做。先泡糯米，过夜。然后把糯米煮熟或者蒸熟。切香菇丁和猪肉糜放在一起翻炒，再放点料酒啊酱油啊调味，和糯米搅拌在一起。最后放在烧卖皮子里捏一捏就好了。过程虽然漫长琐碎，做的时候却非常忘我。”

“完全不是这样的。因为日常生活非常非常的难熬，我又不得不把它应付过去。有一天大雪停课，我记得我一边和你打电话聊天，一边在盘点家里的食物。那会儿冰箱里只有两个鸡蛋。”

“但是当时——”

“当时肯定没法清晰地察觉到的，我也是刚刚突然想到的，想起那个冬天。怎么说呢，就是假开心，没错。”

从居酒屋出来，我和小山陪阿敏坐在门口的花坛边抽了一根烟，然后我们又互相拍了些合影，不知为什么有种想要留作纪念的冲动。那时天色尚未完全变黑，对我来说，有一些瞬间像是回到了大学时代。可能是因为天气的缘故，也可能是因为跟前的这两个人。初夏，空气里充满花香和雨水的气味。一种青春的幻觉，却又被无法描述的阴影笼罩。

“我说，我们不如换个地方继续喝酒吧！”小山建议。

结果却只剩我和小山两个人转场继续去了一间酒吧。虽然是初次见面，但在居酒屋里已经都喝大了，所以也不觉得有什么尴尬。我们没有在酒单上多加停留便各要了一杯威士忌——刚刚从闹哄哄的居酒屋出来，当然要一杯威士忌。我要了双份的普通威士忌，兑了水，加了冰块。小山要了单份的单麦，很快喝完，又要了一杯同样的。等我喝完，又照着他的点了相同的。几个回合以后，我们对对方的选择都非常赞赏。

“你有没有觉得阿敏发生了什么变化？”小山这样问我，当然是已经有了一个预设，希望我能够认同他的想法。

“为什么这样说呢？”我心想，可谁不是在难熬的时光里变化着呢。

“因为很难和她聊天了？她常常心不在焉，我们也很容易争吵，感觉彼此间失去了一种朋友间的信任，也就是说，感觉对方是在伤害自己，因此而启动了防御机制。我想大概导火线就是毕业论文的事情，我说了很多愤怒的话，但是愤怒对她来说没有任何意义。她觉得我对她的人生指手画脚，而且感觉我在轻视和侮辱她。”

“她应该也正在经历人生中非常痛苦的时期吧。虽然说之前在感情上也碰到过问题，但是在学业或者其他任何方面都没费过神。”

“大概是吧。不管怎么说，她在很长一段时间里是我最好的朋友。”

“她嘛，总是说她的人生被你毁了。当然这是一种褒义的说法。”

“这样啊。”

“也说不准到人生的某个点上你们又会在一起的。”

“不会的，”小山坚定地说，似乎认真地思索了下，“但是现在啊，再也没有人能和我聊摇滚乐了。”

“欸？”

“以前阿敏是唯一一个会和我聊摇滚乐的人。”

我虽然也和阿敏一起听了不少摇滚乐，车里始终摆着几张老掉牙的摇滚唱片，前些年还在北京看了九寸钉乐队的现场演出，却对摇滚乐说不上有多少了解。有时会有强烈的身体性伤感，或者一瞬而逝的心灵的震动，但说到底，完全无法了解在大学时代的无数个漫漫长夜，阿敏和小山聊着的摇滚到底是什么，也因此其实无法了解他们之间的感情。尽管很想问问，关于摇滚乐，你们都在聊些什么呢？但想来想去，还是没能问出口。

于是我们喝到这间酒吧打烊，又换了一间。

第二天傍晚我和小山继续约在一间粥店见面。我们的脸色都非常糟糕，即便是白粥上漂着的一点油花都让我感觉恶心，周围人的讲话声则如同打雷。小山也比我好不到哪里去，我们勉强吞下两口粥，嚼了碟子里的几颗盐煮毛豆，便落荒而逃。

在陪我走去地铁站的路上，小山坚持在便利店里买了一罐啤酒。

“还魂酒。”他咕咚咕咚喝起来，然后把剩下的一半递给我，“你也应该喝点，这样会感觉舒服些。”

“我再也不要喝酒了。”我咬紧牙关。

“这样的话我说过几百遍，转头就忘记了。”

“我现在痛苦得要命，绝对不会忘记。”

“真高兴啊，没想到和你喝酒是一件很高兴的事情，我们认识了那么久竟然从来没有喝过酒，感觉浪费了很多年。

连你都已经快三十岁啦，我认识你的时候，你才只有二十岁。我就更加老了，快要变成奇怪的大叔了，”尽管面如菜色，但小山看起来却很有兴致，“你是什么时候开始喝酒的啊？”

“唔——”

谁会记得这种事情。父母虽然也都能喝一点，但是仅限于偶尔晚饭时两个人一块儿喝一罐啤酒，家庭遗传什么的完全说不上。第一次喝酒应该是工作以后的事情，酒量肯定不算好，喝起酒来却有一种毫不含糊的气势，而且酒品很好，从来没有因为喝醉而给人添过麻烦（我也很头痛那些动不动就把自己灌倒在桌上的人），所以朋友们喝酒都喜欢叫上我。

正这样想着，我们经过了第二个便利店，小山自然又跑进去买了一罐相同的啤酒，噗一声打开。我念大学的时候，交过一个爱喝酒的男友，当时是位乐手（后来竟然进了投资银行），很喜欢在便利店里买瓶装的啤酒，还有用牙齿撬开瓶盖的绝技。我们常常夜晚在学校附近溜达，他必然是一手拉着我，一手握着啤酒，作为一个少年，他大概是迫切地想要用这种方式成为一个潇洒的成年人。我想起这些，是因为眼前的小山却是一个彻彻底底的成年人，不管是他的穿着，还有他拿着易拉罐的方式都称不上是潇洒。

“今天晚上本来要去相亲的唉。”小山突然说。

“啊？”我吓了一跳。

“家里有一个怪讨厌的亲戚，不知道为什么认识一大把单身女青年，隔三差五地打电话给我妈妈。所以常常会需要出门去见陌生女人。”

“你没有反抗吗？”

“为什么要反抗啊？我自己也会上相亲网站的，还在上面费了不少时间呢。”

“什么！”

“我是个非常典型的 IT 男啊，再说晚上总要吃饭的，和另外一个人吃顿饭好像也不是什么很为难的事情。不过至今为止还没遇见合适的人。哦，有一个人倒是成了公司的客户。”

“对于结婚这件事情你到底是怎么看待的？”

“‘有朝一日，沉湎于感官，欢娱和自我的生活多半会变得枯槁，消逝，然而在这之前还有充裕的行乐时间。’前几天看的一个傻逼电影里是这样说的，竟然有点道理。我是非常喜欢现在的生活的，一种彻底的自由。说起结婚，其实一点也都不想，根本没法想象和另外一个人共享生活空间。但为什么还要这样做呢，因为我是 IT 男啊，我喜欢可以运行的规则。”

说到这儿，我们走到地铁站了，小山的手里握着今天路上的第三罐啤酒。

“今天的天气太闷热啦。”他笑嘻嘻地说。

“你实在是喝得太多了。”我告诉他。

“我知道啊。”他还是笑嘻嘻的。

接下来的大半年，不知不觉地，我和小山喝了很多次酒。阿敏也参加过一两次，但是她坚持认为自己没有微不足道又无处安放的情绪，而且她对失控这件事情非常戒备，认为喝酒是一种无意义的纯粹消耗。一旦抱定这种想法，便也很难向她解释清楚，喝酒对于我们来说（至少对于我）和情绪并没有多大关系。借酒消愁这回事，确实也曾经发生过，但是经历过几次严重的宿醉以后早就已经不那么干了。反而是在高兴或者放松的时候更想喝酒，而喝酒多半也是为了在自由自在的状态里多停留一会儿。没有什么我不喜欢喝的酒，前几年觉得黄酒难喝，现在却也迷上了绍兴咸亨酒家里卖的酒。唯一不主动喝的大概就是烧酒了，不过偶尔兑在其他饮料里也可以接受。

后来，不仅和小山两个人喝酒，与朋友的酒局也会叫上他。当他不再以邮件，聊天记录和转述的形象出现时，竟然是一个热情洋溢的人。我不知道这种印象的变化是由于实体和语言的转换造成的，还是由于他被安放于外部世界的自我经历了我们所不知道的种种。自那次见面以后，我们三个人之间的交流就被固化了，正逢 MSN 宣告停止服务，我们也顺势不再以文字这样非实体的方式沟通。

没有人不喜欢小山。他有趣，利落，喝起酒来节奏感也好得很。有一回我们在卡拉 OK，一次毫无意义的聚会。小山来的时候拖着一只拉杆箱，里面装着金酒，朗姆，伏特加，剩下的空间里塞满了罐装啤酒，打开以后把所有人都吓了一跳。

直到现在，我们都还在谈论这场酒，因为都喝大了，又哭又笑，像是我们年轻的友情的巅峰。仿佛剩下的人生，都不可能再喝到那么大。我们在小山的指挥下，两轮伏特加的 shot 过后，紧接着几轮兑过苏打水的金酒和朗姆，然后才打开啤酒慢慢喝。不断有人跑出去吐，也不断有人跑出去买回来新的啤酒。

最后我和小山走在清晨的马路上，疲惫万分，感觉既快乐，又恐惧。

我们就这样，每周喝一次酒，直到第二年，小山的身体出了问题。

小山的股骨头有一部分坏死，医生诊断慢性酒精中毒。治疗的办法是从膝盖上截下另一块细的软骨，放到股骨头里面作为救援。右腿先开刀，休息一段时间以后，再开左腿。

“那膝盖那边被截掉的骨头怎么办？”

“空在那里好了。会有神经长出来，所以没有大碍，”他在电话里保持着轻描淡写的积极，“不过大概要重新思考一下喝酒的问题。”

“怎么会这样啊？”

“就跟河流是一个道理。清澈的河水流得轻快，污浊的河水则容易淤积。过度酒精让血液变得黏稠，股骨头附近细小的血管就被堵住了。导致骨头最后塌方。”他耐心地向我解释，然后关照说，“先不要告诉阿敏。”

“欸？”

“觉得怪不好意思的。毕竟我一直给人乐观和有纪律感的印象。”

阿敏并没有这样想过吧，我私下琢磨。但是他这样说也没错。我见过不少饮酒过量的人（有可能是什么奇怪的性格吸引，总之我很容易遇见消沉的人，或者缺乏理性思维的人，还交往过患有抑郁症的男友），但是小山无论怎么看都不像会有酗酒问题。这个人群拥有可以归纳的特征——像是自卑或者由此而导致的极度骄傲，爱说丧气话，暴躁，争强好胜以及偏执。我早说过，这些和小山毫无关联，从他身上，甚至无法明确地观察到幽暗的栖所。

况且我从没真正见他喝醉过，呕吐，断片，丧失行动力，这些全都没有发生过。哪怕喝大了，也不会抱怨，或者说起什么伤心的事。而且他经济宽裕，事业看起来势头十足，也没有提起过任何一位女性。尽管对他的日常生活一无所知，却不知为什么可以确定，他完全没有在谈恋爱。倒是我和阿敏各有各的问题。阿敏在和一个讨厌的家伙谈着以结婚为目的的恋爱，我虽然没有在谈恋爱，却不时和这个或者那个人上床，惹了不少烦心事。

要喝多少酒才能把骨头喝到崩坏，这件事情发生在小山身上，真是怎样都无法理解。

只有在极其偶尔的情况下，能够感觉到他性格中的一些缝隙，但是人人都有这样的缝隙，没什么大不了。确实有几次，在喝大了以后，我能听见性格的板块彼此碰撞着，缝隙里发出细微的声响。不过我也无从辨认，那是来自于我自己，还是来自于小山。

唉，再这样想下去，几乎要气恼起来。

小山右腿动手术前的一周，我们讲好出来走走，正好也是星期五，是我三十一岁生日。我提议说不如就吃顿饭吧，或者做点其他什么，不要再喝酒了。但是这样提议以后，却始终想不出什么值得一去的地方。

“没事的，反正马上就要换上新的骨头了，现在的情况已经不会更糟糕了。”小山说得倒也挺有道理，于是我们在路上走了一会儿，又走进了那间卖芝士煮毛豆的酒吧。先喝了两杯调得浓浓的内格罗尼，接着点了大份烤肉和松露薯条，心里也已经盘算好了之后要喝些什么酒。

“手术是要全身麻醉的唉。”小山一边痛快地大吃，一边和我说起具体细节，膝盖那里的骨头如何拆下来，髋关节又要怎么处理。据说已经把之后三个月要用到的双拐和助步器都准备好了。嘴里嚼着烤肉喷香的油脂听他讲这些，真是有点奇怪。

“需要帮忙的话，要记得告诉我和阿敏。”

“你怎么也说起这样的话来。有一回我和阿敏说起我俩喝酒的事情，知道她是怎么说的吗——‘那是因为你俩都是自私冷漠的混蛋。’”他模仿着阿敏的口气，接着乐不可支地笑起来。

“什么啊。”

“和医生讨论完手术方案，我回到家里，打算把所有酒都收起来，确实是下了决心。但结果却照例喝掉了小半瓶山崎，完全喝翻啦。一边喝一边思索着，为什么要喝酒。因为喝酒本身真的是一件愉快的事情啊。你也是这样想的吧？”

“可是——”

“有时候会遇见这样的人。他们喝酒，是希望能在酒精的作用下更好地倾诉。倾诉原本就是可怕的玩意儿，他们无端把自己的苦恼放大，既絮叨，又不懂礼貌，讨厌得很。”

“是啊。喝酒就是喝酒，是不掺杂任何其他愿望的。”

“但可能是因为喝了太多酒，便会把这种想法贯穿到整个人生里，我想，阿敏说的其实是这个意思吧。在我们看来潇洒和专注的事情，在旁人看来就变成了冷漠，甚至是自私的，会造成伤害的行为。”

尽管其实并不知道小山确切是在讲什么，但我还是点了点头。我突然想要一杯双份威士忌，小山却建议我还是换成啤酒吧，现在喝威士忌还为时过早。于是我要了一杯波本威士忌做底的鸡尾酒，小山要了加冰块的龙舌兰，然后我们一人点了一盘芝士毛豆。推门进来的客人湿漉漉的，身上带着雨水的气味，外面不知从什么时候下起了大雨。我们闷头喝了一会儿，周围的桌子渐渐全都坐满了。

“你会有那种感觉吗，好景不长在。”小山继续说。

“常常这样想。”

“正是这样，所以希望维持住现在的样子。就拿此刻来讲，坐在这儿喝酒多好，不用想着手术的事情，过了今晚以后或许就再也不会畅快地喝酒了。再往长远点说，希望你们都不要结婚就好了。但大家总是渐渐变得严肃起来，不再傻乐，傻喝，傻玩。”

“你从来没有打算过结婚的事情吗？”

“一想到现在的生活可能会因为婚姻的介入而被打乱，就变得很紧张。如果结婚的话，就没法在每个星期五晚上跑出来和你喝酒啦。这样的事情或许也会被理解，但是需要去解释。手术的事情不想告诉阿敏，也是类似的原因。总之不能忍受秩序被打乱。”

这会儿我们认识的酒保过来打招呼，送来两个伏特加shot，于是三个人一块儿痛快地干了杯。又要了两轮酒以后，终于觉得差不多可以喝威士忌了。因为想要多待一会儿，慢慢喝，所以不约而同地要了比较便宜的白州。

“已经想不起来第一次和你喝酒是什么时候啦。”我说。

“唔，”小山掏出手机玩了一会儿，我吃完了盘子里的毛豆，然后他说，“去年的七月三十一日。”

“这么确切的日期是怎么说出来的？”

“我是IT男啊，IT男从来不删除东西，所谓的删除就是给系统做个标记。你问我，我只要打开电脑看一下就好了，因为那天用手机拍了照片。”

“所有的记录都在？”

“嗯。不仅是数据的记录，还有各种大件物品的购买发票，所有手续的存单，租房合同，第一份工资单。基本就是我来上海的前十年里最值得保留的东西。”

“这种东西都留着干吗？”

“我想想，这些都是绝望的实体见证。”

我们从酒吧出来，天空中滚动着春雷，雨下得非常大，但是一点都不冷。我们在路灯底下走出几步，被从酒吧里奔出来的酒保唤住。他手里握着酒瓶，还有三个小杯子。于是我们停住脚步，跺着脚，干掉了今晚最后一杯酒。One shot！

此刻，我骑着自行车去医院里看望做完手术的小山，沿着城市靠河的西南岸，哼着歌，一路新月相伴。我有一种使命感，今晚除了探望小山，其他没有什么事情值得去做。小山事先发给我医院的地址，病床号码。除此之外还发给我一个链接。我在家里打开了，竟然是他在相亲网站的主页。页面上的照片是在他家里拍的，应该是找了一个最整洁的角落，他站在一排书架跟前，穿着浅色的衬衫，双手背在身后，显得亲切随和。个人简介里写着，“那种热咖啡都能一饮而尽的男子”。

想到这儿，我奋力踏着脚踏板，差点儿笑出声来。哈哈哈哈哈。

二〇一五年四月

你是浪子，别泊岸

在我还没见过小元之前，便听说了她许多事情，那是很多年前，七年，八年。那会儿，我们的朋友大雄沉浸在对她单方面的热恋中，在多次集体大醉的排档上，他说起小元，甚至为她写了一本书。这本书在前年无声无息地出版了，我没有买，我想其他人应该也是。一方面是因为他才华的有限性显而易见，另一方面，二十七岁新年过后我便去了北京，渐渐和他们所有人断了联络，他们彼此之间应该也是。随着时间的推移，我们没有如期望中那样，成为什么真正出色的人。大部分人遵循规矩，混得不错，却与出色绝对不沾边。但是我们并不愚蠢，纷纷接受了自己作为平庸小人物的存在，没有苟延残喘，也没有滞留在任何灰色地带。大雄是个典型人物，当他把有限的才华投入真人秀剧本的撰写时，赚到很多钱。

我一度怀疑小元是被杜撰出来的，因为她被描述得像个梦。或者说，更像是一个理想，一个不管是谁都想要成为的人。那会儿她十七岁，高中时作为交换生去了法国和西班牙，熟练通晓英文和法文，能用西班牙语做日常对话。她的语言天赋有赖于超群的智力和记忆力，因此只要她愿意，她几乎可以在任何有望改变人类现状的领域有所建树，但是她偏爱文学，试图与普通人一样从文字中获得意义。高中毕业以后她回国念中文系。完全是一种浪费，天赋异禀的人却最不把才华当回事。这给了大雄不切实际的希望。那段时间他频繁往返于杭州和上海，包里装着博尔赫斯的小说和卡瓦菲斯的诗集。我敢说，不管是他还是小元，对于这两个人都从未产生过真正的兴趣。

但是小元在一个学期后便退学了。大雄认为她是出于对规则的挑衅以及少年心气，但当我认识小元以后，便觉得这样的决定多半是出于对整部人生过早的洞察，接下来她对外部世界的抛弃也变得更加直接。

之后大雄提起过她两次，一次说她去非洲参加了一个人道主义援助项目，一次说她在大西洋的船上采集标本，三个月后上岸。很难说这里面是否有杜撰的成分，他对她的描述一定有主观臆断，然而小元的经历又在大雄以及我们所有人的经验之外，他不可能凭空捏造出一个非洲人道主义项目，我怀疑他对非洲的全部认识来自于海明威描写的乞力马扎罗山。所以他应该只是省略了一些部分。为什么她可以那么潇洒。实际点来说，她是如何赚钱的，如何解决生计问题。毕竟她还是个孩子，为什么她竟然可以随意地在世界版图上移动（而我们却都被困在这里）。

直到他们分手，我们才终于感觉松了口气，世界的齿轮仿佛终于卡对了地方，不会再发出刺耳的声响。

“她啊，真是一个流浪儿。”我们劝慰他。

“为什么这么说？”

“因为她就是那种人，浪子。你比我们更明白。”

“你们怎么会这么想。”他几乎倒退了一步，露出非常吃惊的表情，继而是冷冷的嫌恶。

大雄最后一次找我，我已经在北京住了两年。他在电话里说小元申请了美国的学校，要从武汉到北京来办签证，想要找个落脚的地方。几天，最多一个星期就够了。

问题在于，那段时间我的状况非常不好，租住的房间很小，三十平米的一间被房东用一排柜子隔出客厅来。窗户底下便是垃圾场，终日无法开窗。四周偏僻，荒凉。而且我正在交往一个男朋友，为了维持这段事后想起糟糕透顶的关系，我几乎每晚都去他家过夜，完全没有意识到我们的关系濒临结束，无可挽救。但是我除了一张靠墙的小床外，确实还多出一张沙发。

不管怎么说，一个星期以后我便见到了小元。

她非常瘦小，戴着一副眼镜，背着容积很大的登山包，风尘仆仆。像是花费了很多时间，从很远的地方来。她给人的印象非常模糊，不美，甚至有些过分平常，没有任何可被留意的特征。时间已经很晚了，她比说好的时间晚到两个小时，虽然没有解释，但是很礼貌地道歉，接着从包里掏出一只快要熟透了的木瓜递给我，外面包着一张旧报纸。

“刚刚在楼下看到有人推着板车在卖，只要十块钱，”她几乎快乐地说，“姐姐。”

她的话轻松打破了初次见面尴尬的寒暄，接着我告诉她网络密码，教她如何使用热水器，给了她一把备用钥匙。

我并不打算留下来与她一起过夜（两年的独居令我一时无法适应近距离的陪伴），便把床留给了她。等我从柜子里拿出一套床单来，转身的工夫，她已经迅速在房间里找到一个角落，打开登山包，井井有条地摆好了自己的东西，像在荒蛮的野地里扎起一只小小的帐篷，再点亮一盏浅浅的灯。

后来，当我偶尔不自觉想念起小元时，才意识到她身上有种天生的消除距离感的气息，但那并不意味着亲密。她的存在感很微弱，像是寒冬到来前森林里的小鸟和松鼠，为了保存体力歇息着活下去，只在积雪上留下一点点痕迹。

第二天早晨我回到家里时，多打包了一份外卖，但是她不在家。我在茶几上做了一会儿案头工作，时间过得很快，傍晚时分我在床上和衣睡了一会儿，因为记挂着她什么时候回来，睡得很浅。翻身时感到枕头底下压着什么，是小元带在身边的书，于是干脆翻到她折角的那一页，读了一会儿，很快天就暗了，到了差不多要出门开会的时候——那段时间接了一个展会的工作，时间过得颠三倒四。临走的时候我把她前一天送我的木瓜切开。吃完一半，剩下的一半连同外卖一起放在冰箱里。后来隔天再次回家取东西时，打开冰箱，发现木瓜吃完了，而饭盒里的食物被拦腰截断，饭和菜各自被整整齐齐地吃掉一半，剩下的像是特意为我留着。

接下来的几天，我们都没有遇见。白天她在外面办事，我则连续几天住在男友家里。我原本以为她会在这儿待三天或者四天，但是她始终没有提起什么时候离开。

到了周末，小元发消息问我说晚上是否在家里吃饭，因为她收到一张外卖单。是附近新开的一间小饭馆，她很想试试沸腾鱼，但是担心分量很大，一个人无法吃完。

“姐姐你能吃辣吗？突然特别想吃辣。”

我觉得一起吃饭的请求无法推却，不过应该请她吃顿好的，但她坚持只想待在家里吃沸腾鱼，配一大碗白饭。而且她对这个愿望有种热乎的执念，让人不忍心拒绝。

结果外卖送来的时候，真的是非常大份的鱼，装在一只比脸盆还大的瓷碗里直接端了过来。我在家里找了半天可以盛放的器皿，就连最大的炒菜锅都装不下，只好把整个瓷碗都收下。这样折腾了一番，送外卖的中年人站在楼道里尴尬地说：“哎呀，忘记带米饭了！”以往碰到这种情况我一定算了，为了一块钱的米饭让别人再跑一次在我看来完全是不讲道理，但是站在身边的小元却认真地解释起来。

“真的不行啊，不能将就，沸腾鱼一定要配上白米饭。”

我们三个人在楼道里站了一会儿，感应灯亮了一次又暗了一次。小元认真起来便有些委屈，我正在思忖该如何应对僵持的气氛，中年人却突然转身消失在楼道里，热忱地大声招呼：“你们先吃起来，米饭十分钟以后就送到，十分钟。”

小元吃了两碗米饭，我吃了一碗，最后她耐心地把花椒粒挑了出来，吃完了浸在红油里的豆芽菜。

接着我们谈论起各自的生活，主要是我在发问（因为我的生活看起来平庸且一目了然）。但她并非不善交谈，也没有给人谈话无以为继的尴尬感，相反，她的经历奇特，表达方式有趣，准确，我不知不觉被她吸引，问题不断往外冒。她确实去过非洲，也见过乞力马扎罗山，那不是一个人道救援项目，她在内罗毕的中学里为当地小孩上代数课。她用轻盈的口吻叙述，像游戏机里的小人般在各块大陆间跳跃，轻巧地避开任何涉及孤独或者迷惘的拐点。她对细枝末节毫无兴趣，也不像普通女孩那样热衷谈论恋爱。

她对世界也好，人生也好，或者具体的人也好，都抱有一种宽容而笼统的认知。

她说起一些故事，却很少提及故事的发生地，主人公也面目模糊。她对于自己的经历既不夸耀，也不遮蔽。语焉不详是因为她对其他的大部分细节根本不感兴趣，也或许，她对庞杂世界过分锐利的观察反而蒙蔽了她的眼睛。她说不定正在经历旁人无法理解的迷失和挣扎呢。

我思忖着她来自于什么样的家庭，绝非富裕优越。我认识一些那样的女孩，聪明些的，中学时便是耀眼的明星，早早学会在肆无忌惮和小心翼翼间仔细拿捏分寸，唯恐伤及旁人的自尊心。可是小元对自己的独特性没有知觉，却有着对贫穷和困顿的体察，不是同情或者怜悯，而是出于体察而产生的思考。这使得她的性格中怀有感恩和分享的基调。

这样一来，我就更加不好意思谈论自己的生活，仿佛一旦提及，我们的谈话就会终止。我的生活与其说是乏善可陈，不如说是因为过分具象而显得沉重，它在小元跟前丧失轻盈，只会像秤砣一样把原本低空飞行着的我们拽回到——拽回到我的房间。

“其实我之前见过你一次。”小元突然说。

“欸？”

“有一回新年我去上海，大雄和我约在一个咖啡馆见面，我去找他，你们都在，很大一群热热闹闹的人。也有你。但是我不好意思来和你们打招呼。”

“为什么不好意思？那都是些和气的人。”

“我明白。但是你们看起来很快乐，开怀畅谈，不是我能够加入的。”

“怎么会呢？”

“朋友是什么呢，我也不太懂。我总是刚刚熟悉了一个地方就不得不走了，一辈子都在做转校生。”

“你觉得大雄是什么样的人？”其实我更想问的是，你觉得我们是怎么样的人。

“值得信赖的人。他对他人的事情都能做出冷静的判断，也常常能提供很好的建议，却把自己的人生搞成泥潭。”

但是小元你不正是那个泥潭的始作俑者吗？——不知道是什么力量牵制住我，无法说出任何会拉近我们距离的话。但是我们挨着沙发床，坐得很近，膝盖碰到一起，还喝了一点黄酒。

“什么是泥潭啊？”

“他总是高估善良的意义。他以善良作为准则在生活。”

“不是挺好吗，大部分人都不再把善良当回事了。”

“你呢，你不觉得善良都有些假惺惺吗？说到底人都是自私的啊，怎么能够以此为准则生活呢。”

“就没有例外吗？”

“姐姐，你看过霍桑的小说吗？霍桑有一个小说叫《韦克菲尔德》，讲的是一个男人突然离家出走，很多年，大概二十年。没有任何的原因，甚至都很难说是出于恶意。然后他在家附近租了一间屋子，自己独自住着。小说里没有提及他的生活状况，所以不知道他这二十年到底在做什么。直到有一天，他回到了自己的家。”

“然后呢？”

“这不是最重要的，我是说那个结局并不重要。你得看看才知道。这个小说我看过太多遍了，但是总有不确定的地方，像是那些句子会在记忆里发生变化。比如他离家出走前，曾经回头看了妻子一眼，作者通过他妻子的视角描写了他的表情。但是那个表情在我的记忆中不断发生变化，确实有一种自私的邪恶的基调，但是除此之外，又有一些其他东西，有的时候我觉得那是对世界的放弃，有的时候我觉得那是被放弃而已。就像作者在结尾说的，每个人都在世界有一个位置，个体和整体之间也被协调得十分微妙和妥帖，以至于个体离开自己的位置片刻，就有永远失去位置的危险。所以最后作者给这些人起了一个名字——宇宙的弃儿。”

“你是说他和大雄有相似的地方？”

“不，不。当然不是。只是我们刚刚谈起了善良。”她突然沉默起来。

这天晚上我睡在沙发上，小元睡在床上，我们之间隔着一面柜子。凌晨我被她睡梦中的呜咽声惊醒，并不太确定那是否是哭泣，也不知道应不应该唤醒她，尽管如此，依然觉得黑暗中的小元，哪怕身处噩梦，也有微弱的光晕持久地浮动在她周围。

接下来的两三天我们相处的时间多了一些。我们坐公交车去雍和宫转了一圈，回来的时候去逛了书店，吃了一顿涮羊肉。她带着我去另外两个朋友家里，我们喝了不少酒，玩了一种有趣的纸牌游戏。甚至有一天早晨我们一起去逛了楼下的菜市场。然后我看着小元把剁碎的香菇，牛肉，豆腐干炒香，倒入一罐豆瓣酱，加水，慢慢用小火熬出一大锅酱来。接着她耐心很好地切了黄瓜丝，炒了鸡蛋，下了面条。我在面条里舀了一大勺酱，她笑着说这种酱很咸，北方人吃面条的时候只舀小小一勺，这样一大锅可以存着吃很久。

“到底可以吃多久呢？”

“一个月，两个月，”她笑嘻嘻地说，“然后我再过来给你做。”

第二天白天我出门办事，收到小元发来的消息。她说她突然遇到意外状况，或许得要赶紧离开了。我诧异地问等不到我回家吗。她礼貌地表示非常非常抱歉。又过了一个小时，她问我备用钥匙应该放在什么地方，我告诉她放在门口的电表箱里就行。等我再给她发去消息的时候，她便没有再回复。可能正忙着赶往火车站，机场，或者其他某个地方。我不由替她开脱。

回家时已经是晚上。我从电表箱里取了钥匙，感应灯不知道什么时候坏了，黑压压的，我伸手摸了好一会儿。

打开房门以后，家里被恢复成之前的样子，沙发床收了起来，床单拆下来洗过，平平整整地摊在晾衣架上。我陆陆续续在房间里发现一些小元留下的痕迹。洗脸台上的一小块印度肥皂，床和墙壁缝隙里的一本书，一盒剩下两三根的薄荷味香烟。尽管如此，却感觉有种无以描述的东西，已经把小元的痕迹确凿地抹去了。

之后我几乎没有再和小元联络过，但是偶尔会从脸书上看到她的一些消息，直到脸书被封锁。

有一年夏天她在伦敦实习，我正好有一个出差的机会，便约好了要在那里见一面。她回消息的时候非常欢喜，并且告诉我说她正在交往一个男朋友。“我和他说起你，他问我你是一个什么样的人，我告诉他说小姐姐是一颗糖。”我不知道这是否真的是我给她留下的印象，接着她又告诉我，她非常期待能够见到我，她很想念和我一起度过的那段时间，并且提议说如果我愿意的话，可以住在她的家里。“我可以带你到处走走，而且我的男友做得一手好菜。他从没见过我从国内来的朋友，他觉得我没有家人，是个孤儿。”

临出发的一周前，我的行程被推迟了，等我再次联络小元时，她已经离开伦敦，回到了纽约。她并没有在邮件里表示遗憾，倒是详细向我描述了一个在跳蚤市场旁边的炸鱼店，说那里的炸鱼是世界上最好吃的。由于没有详细地址，她在邮件里细心地附了一张手绘的地图和一张她的照片。照片里的她站在一栋房子门口，穿着一件宽大的黄色T恤，光着两条腿，更瘦了，皮肤晒成棕色。她笑嘻嘻地踮着脚，从门里探出身体，像是正在和拍照的人说着什么高兴的事情。

后来我倒是真的按照她的指示去了跳蚤市场，沿着轻轨走了一段路，没有找到炸鱼店，也没有买到任何东西。

接下来的很长一段时间，至少有两年，我丝毫没有小元的消息。两年前我搬回了上海，告诉关心我的朋友说，我厌倦了北方的天气，以及没完没了的饭局。然而实际上，我只是对自己心灰意冷。所追求的东西全部没有实现。挫败，无聊和孤独彻底击溃了我。回到上海以后，事情当然也没有变好，甚至谈不上有任何起色。不过从根本上来说，我已经做出了妥协，日子便也不至于过分难熬。

有一天我收到小元写来的邮件，说她回到北京，在法国大使馆找到一份工作，想要见见我。我告诉她我已经离开了。接着我们来来回回通了一些邮件，大多在讨论租房的事情。她对我当年租住的房子念念不忘，问我那间卖沸腾鱼的小饭馆还在不在。但是房租已经翻了个倍，而且我离开时，旁边开始挖地铁，据说会持续几年。于是她自己又在东四那边看了几处四合院，询问我的意见。尽管北京已经不复几年前的美，冬季雾霾带来的绝望感非常强烈，但是她说她很庆幸能够在极夜到来前离开欧洲。

等我们再次见面，已经是夏天了，这大概是她成年以后在国内停留最长的一段时间。小元来上海出差，只待两天。虽然大部分时间她都必须工作，但还是找到两个小时的空当来。

“姐姐，有件事情想和你聊聊。”之前收到她这样的消息。

我们约在她酒店旁边的商场见面。我出门的时候，天气还是晴好，半途下起雨来，我为了躲雨在地道里耽误了很多时间，到商场的时候她已经在二楼找了间啤酒屋坐下，点好了两杯生啤。尽管是下午，啤酒屋里却有不少人，两个中年人占据了台球桌。我们坐在露天雨篷底下，天色就和室内的灯光一样昏暗。

这是我最近一次见她。对我来说时间已经过去很久，而小元依然只有二十四岁，长生不老。她自然发生了些变化，但是她从来没有从相貌上给人留下强烈印象，与其说她不事打扮，不如说她故意做了些什么，像是在雪地上行走的小鸟，只在世界的林子里留下浅浅的脚印，为的是让人更迅速地将她遗忘。如果不是因为多年来的铺垫，现在我多半觉得这个坐在跟前的女孩过分沉默，毫无特征，是个任由他人支配的人。

我们接着说起房子的事情。小元现在和一个朋友一起租住在东四的胡同里，从四合院里隔出来的一间，带院子。她形容给我听，厕所竟然是蹲坑的，但是独用，打扫得很干净。院子里有棵香椿树，发芽的时候可以直接用竹竿去够。

“真抱歉呀。”她却突然说。

“怎么了。”

“以前一直羡慕别人有稳妥的家，可以驻足的地方。也羡慕你，哪怕是在北京有那么一间小小的房子，可以长久地住下去。”

“现在呢？”

“现在居然被美好宁静的生活折磨得疲惫不堪。”

“怎么会有这样的想法，而且，哪里有什么美好宁静的生活呢。”

“唔。”

我思忖着她想要找我聊些什么呢。不管是什么，此刻沉默变得那么清晰，成为需要解决的问题。我才意识到她想要说些什么，倾诉，正是倾诉让她变得局促。她的身上发生了什么重大的事情，一种必须通过倾诉才能解决的困境。这对她来说无疑是一个新难题。她还在犹豫，而我突然紧张起来，这次或许能跟着她浅浅的脚印，回到她栖居的山洞里看看。有了这样的念头，我屏住了呼吸，连思索都变得轻轻的。

“是想和你聊聊，但因为不是什么大事，反而有点不好意思起来，”她隔了一会儿说，“上个星期呀，我见到了爸爸。”

“爸爸？”

“是啊。爸爸。我没有告诉过你吗？三岁的时候，爸爸便和妈妈离婚了，所以我是跟着妈妈长大的。”

“好像是听你说起过。但是——”

“就是这样一件小事。不过你大概还是会想要听下去，因为爸爸是一个非常奇怪的人。我算是遇见过特别多的怪人了，但是爸爸依然是他们中间最怪的一个。”她说着掏出手机来，手指在屏幕上飞快地滑动，翻到一条短消息，小声地念了起来：“‘小元您好。本周我到北京出差，想于今晚六点拜访您，不知您是否能拨冗见面。志明。’哈哈哈哈，就是这样一个怪人啊，根本不会使用敬语，却还要这样乱说一通，要不是因为他署了名，我差点以为是骗钱的家伙。”

“你没有存你爸的手机号码？”

“没有。三岁以后，我只见过他三次啊！这是我第三次见他。”

“什么！”

“所以才说他是非常奇怪的人。他在我三岁的时候就离家出走了。但是他倒不是那种别人描述的浪子。如果你见过他就会明白。没有任何嗜好，始终过着按部就班的人生，连相貌也平淡无奇。要说有什么特征的话，那大概就是聪明。对一般人来说，聪明不是一种显而易见的东西，但是就连我妈妈在说起他的时候，都忍不住赞叹他是个少见的聪明人。所以这整件事情要细究起来的话，没有丝毫背叛和欺骗的成分，他可能是一个混蛋，但绝没有要浪迹天涯的野心。恰恰相反，他对人间毫无留恋，却出于一种严肃的责任心，认真地生存着。”

“爸爸是做什么的？”

“地质学家。我小学二三年级那段时间，妈妈去外地做生意了，我住在奶奶家，睡他的房间。他的房间一直保持着他走之前的样子，床架上摆着他从各地带回来的石头，积着很厚的灰。我非常小心，从来不去动它们。在我的心中，这些石头和他的模样联系在一起。稳固到试图消失。他离家以后就待在地质队，再也没有回来过。不是仅仅没有回到我们家，就连自己父母的家也没有回过。但他绝对不是文学作品里献身工作的人，他怎么会对那些事情感兴趣呢，只是工作维持着他日常生活的运转，也给他一个容身之所。”

“所以他无法忍受的到底是什么？”

“这是一个我从小到大都在思索的问题。起初是疑惑，试图找到一个解释，大概非常痛苦。现在回想起来，作为一个小孩就整天思索这样的问题，难怪后来变成了这样的大人。之后每次遇见人生中重要事件的时候也会把这个问题再拿出来想一想。如果你去年问起我，我大概会说是日常生活，那个支撑着精神世界的日常生活。但是就在刚刚，我再次想起那些石头，突然想到，在精神世界中的他，或许也栖息于一个不怎么样的地方。他像是一个早早放弃了的人，只是有时候我想不清楚，到底是他放弃了世界，还是世界放弃了他。”

“你对他的感情是怎么样的呢？”

“我第一次见到他，就是三年级在奶奶家。放学以后我在他的房间里做作业，他突然出现，也不和我说话，就坐在我旁边看我写作业。我对爸爸这个词语没有概念，觉得他是一位温和的叔叔，有点像妈妈单位里某位关系不错的同事。他教我做了两道题，然后我们和奶奶一起吃了晚饭。这天晚上唯一的不同是我睡在了奶奶的房间里，他和奶奶在外面说话。不是很激烈的交谈，他们讨论了一会儿家里房子的事情，非常平静，琐碎，所以我很快就睡着了。早上起床的时候，他已经走了。奇怪的是，我从来没有过被抛弃的感觉，相反，他一定比我更孤独，这种感觉折磨着我，对他那份模棱两可的痛苦偶尔会感同身受，想要帮助他。对，折磨着我的其实是这种想要帮助他的念头。”

“唉，你不应该让这种念头影响到你，你又怎么帮得了他呢，人和人之间的距离大概始终是一座山头和另一座山头，哪怕是亲人也没什么两样。”

“你也是这样想的吗？”

“不然呢？”

“在北京的时候，睡在你的床上，觉得床都是香喷喷的，心里特别羡慕你。你每天晚上都出门，像是有很多朋友，觉得这真是一个潇洒的姐姐，想成为像你这样的人。”

（唔，怎么会，竟然想要成为像我这样的——潇洒的人。）

“第二次见到爸爸，是我十七岁那年。就是高中毕业的那年夏天，我从法国回来，陷入一种前所未有的沮丧。尽管已经被大学录取，但在当时，世界上竟然没有一个我想去的地方，也不想待在家里。对于读大学这件事情也完全提不起兴致。经历着这样的低潮期，找不到原因，便想起了爸爸。”

“你觉得自己身上有爸爸的遗传吗？”

“确实在我人生的某个阶段，因为感觉到自己或许是一个和爸爸相同的人，而感觉既担忧，又安慰。我和他，像是茫茫宇宙中两颗微不足道的星星，黯淡，但是确凿地知道彼此的存在。如果能够简单地把问题都归咎于血缘就好了。反正那回是我主动联系到了他，他为了这次见面，专门赶了回来。他没有回家，我们约在家里附近的商场吃了一顿午饭，地方我是选的。他真是一个聪明人，在我开口前便知道我想说什么。他告诉我，别以为长大成人以后事情会有任何的转机，不会，不要相信其他任何人安慰的话，不要抱以希望。”

“唔。”

“他说他在很年轻的时候就已经对人生失望，之后试图用最平常的方法来解决问题。结婚，生育。不过显然他的努力全部都失败了。他大概忘记了我是这个解决办法的产物。他完全把我当作一个成年人，谈吐非常礼貌，甚至带着谦和的尊重。但是他不知道这种尊重让我痛苦极了。接下来的几年都非常痛苦，一方面想要摆脱与他之间血缘的羁绊，另一方面又渴望得到它带来的安慰。”

“那你的妈妈呢，她也原谅他吗？”

“她吗，她的人生像是始终被蒙在鼓里的。我想起初她是不理解的，当时她也很年轻。但是她并没有对突然转弯的命运做出任何抗争，随波逐流的天真拯救了她。她最厉害的地方在于，她彻底放弃了对意义的思索，却也没有像其他妇女一样投入生活。”

“她没有再交往其他人？”

“哦，有一位叔叔。叔叔是家里的邻居，和我们家住在同一幢楼里，所以他算是真正看着我长大的。从某种意义上来说，他确实担当了部分父亲的角色。他对我们相当不错，奶奶家的人也默认了这件事。但是他有家庭，非常完整的家庭。他们一家住在楼下，他的母亲，老婆，还有儿子。”

“一直相安无事？”

“是啊。大概持续了十五年，直到我快要回国的前一年，叔叔家的老奶奶因为老年痴呆症跳楼了，他们的关系也突然告一段落。中间没有外人想象的难堪的情节，最后他们分开得也很自然，像是深秋死去的虫子。我身边的大人，他们都生活在一种持续而平稳的不快乐中，既具有弃儿的气质，又具有根深蒂固的意志力。”

“但是你相信他吗？”

“谁？”

“你的爸爸，相信他曾经做出过努力吗？”

“是啊，毫无疑问。没法不相信他，甚至没法责备他，没法觉得他是个无情的人。”

小元说着，我突然有些动了情。

“所以他上个星期来找我，尽管我觉得糟糕透顶，但还是去见了他，不知道为什么，心里有种不好的感觉，担心他病了，出了什么严重的事情，担心他突然死掉，或者打算从此消失。有很多事情我觉得他没有勇气做，但是谁知道呢。”

“嗯。”

“反正我们后来见了一面，真的是书面意义上的见了一面。他六点准时到我楼下，我又磨蹭了二十分钟下楼见他。他没有什么变化，两手空空，穿着一件旧衬衫。一时没什么可说的，他便说我们走走吧。就开始步行。从一个地铁站走到下一个地铁站，走得很慢，所以花了大概二十分钟。”

“你们聊了些什么？”

“没什么特别的，工作啊，奶奶的身体状况。他告诉我说晚上他还有其他饭局，但是我觉得他其实没什么地方要去。不过我们还是在地铁站门口告别了，临走的时候他从口袋里掏出一张公交卡来，郑重其事地交给我。我后来坐地铁的时候用了，里面有两百块钱。”

说完她松了口气，喝了一口啤酒，然后鼓着腮帮子慢慢地望向远处。这种时候该说些什么呢，我也不知道。小元总是可以在叙述中找到分寸和边界，她始终有能力消解一切严肃悲伤的话题，连带听者和她一起，站在旁观者的角度，轻松理智地审视。偶尔她会流露出一些零星的情绪，却如同微弱的火花，轻盈的，还没有来得及落地便已经被空气扑灭。

临走的时候，雨还是没有停。小元撑着伞在路边陪我喊车。接近傍晚，天提前擦黑，沿街都是绝望的等车的人。小元把伞塞进我手里，两三次冲进雨里替我拦车，又徒劳地折返回来。最终我们都放弃了努力，挨得紧紧的，站在雨伞下。

“好怀念那天吃的沸腾鱼呀，配上一大碗白米饭。”她说。

“下回我可以去北京找你。”

“姐姐，你真的觉得人和人之间的距离就是一座山头和另外一座山头吗？”

“是啊。”

“那我和你之间呢，是两座很远很远的山头？”

“倒也无所谓远近，谁会爬下自己的山头呢。不过就是站在各自的山头上挥挥手吧。”

“果然所有人都这样想啊。”她说。

“嗯？”

“我大概就是想要打破这种时代的无聊。想要站在一个山头，站在界限的一侧。”

我扭头看她。她朗朗说完，侧着脑袋，刘海上的雨水顺着额头淌到了鼻尖，像是在认真地确认某件事情。

这时一辆出租车溅着水花停在我们两三步之外，亮起顶灯，小元灵巧地跃过去，我跟在她身后，从黑色的雨伞底下，看到周围三三两两等车的人也焦躁地涌来。小元拉开车门，几乎推搡着把我塞进车里，对着司机嚷嚷了句什么，砰地关上车门。司机低声咒骂着，慌乱地踩下油门，踉跄着摆脱了连同小元在内的人群。

小元站在下街沿，探着身体，大概想要说句告别的话。

我也是，谢谢，再见，保持联系。但是其实，我只是轻轻地，动了动手指。

二〇一五年一月

盛夏的远足

陌生的电话号码被按掉两次以后静默了，过了半个小时又响，持续了更长时间。像是对晓凡有足够的了解和耐心——“唉，晓凡”——不是一个兴致勃勃的声音，强调着一种近乎夸张的轻松或者懒散，本意大概是想掩饰局促，却反而显得傲慢。晓凡不得不费力地从记忆的某个通道中寻找一个发音，与之而来的是一连串尚未形成图像或者文字的碎片，随着对方语气的加强，渐渐拼凑起来。

“李诗啊。”她终于在对方言语的停顿间插入了这个名字。时间的延宕正好消除了此处不应存在的热络。她回想最后一次见面的情形，季节不明，她从一幢大楼里出来，大楼挨着高架，但是和马路之间又隔着停车场。她们在停车场旁边迎面遇见，可能因为各自都要赶往下一个目的地，也可能是不知如何寒暄，便只打了一个模棱两可的招呼。但其实这次偶遇距离之前的交往也已经过去很多年。李诗穿着高跟鞋，也或许并没有。其实晓凡不记得她的穿着了，却留下这样的印象，大概是因为李诗脸上的神态，一种由于羞涩导致的厌倦，常常给人造成她正在怄气的错觉。

之前她们有过时而松散时而紧密的交往，断断续续地持续了五六年，在某一个特定的时期，几乎被捆绑成彼此最好的朋友。还有丘和小林，以及其他不断加入又不断消失的人。丘和小林是哥们和搭档，他们在东京念书时，在同一间便利店做夜班，三年，一起吃过无数个牛肉便当，形成了不可能再被更改的友谊。当时晓凡便有这样的感觉，以后她或许不再和丘在一起，李诗也不再和小林在一起，但是那两个男人之间却有着什么不会被摧毁的连接，令人羡慕的牢固。事实上，丘和小林始终是工作上的搭档，小林则出乎意料地早早和李诗结婚，送走了猫，却有了一个女儿。现在那个晓凡只见过一面的婴儿可能已经六七岁了，所以，只有她一个人完全退出了他们的生活。

晓凡等待她们的对话切入正题，但是她很快发现可能并没有什么正题。这听起来像是一个叙旧的电话，只是她们没有谈起任何旧事。李诗说她刚刚入职了电影公司。啊，当然。她是一个始终站在时代浪尖的人。尽管真的很难将李诗与时代或者浪尖这些词语真正联系在一起，因为她看起来更符合懈怠或者丧气。不过她被幸运星照耀，从来不争取任何东西，却随波逐流地被推往意想不到的某处。

“我知道电影这桩事情已经有些污糟，但我一直想做，之前也做了不少准备。而且这次我的公司是——投资的。”

“谁？”

她又重复了一遍，解释说是非常有名的导演兼制片人，却仿佛也并没有因为晓凡的一无所知而感觉惊讶或者遗憾。即便是在谈论这种运气的时候她也流露出厌倦，这种厌倦来自于，仿佛一切都是注定失败的，因而过程和结局都同样的无所谓。很难分辨这其中真诚的部分，因为这也可能是一个聪明人出于妥协而制造出的假象。但不管怎么说，这是她迷人之处。

当晓凡想要更新一下自己的情况时，却被李诗打断了。她的语气里有种确凿，仿佛接下来她们还将拥有漫长的时间。

“你还记得松江那间小超市吗？”李诗停顿一会儿之后

提起。

“哪间？”

“我们在松江开过的那间小超市。小林和丘，还有他们的那个朋友，叫什么来着。”

“啊！是啊！我快把这件事情忘光了。”

“我也是，真是太久之前的事情了。但是我在策划一个剧本，和朋友们谈起这件事情，大家都觉得是个好故事。那时候你多大，大概只有二十岁吧。我们见面再说，我们应该见个面。”

等到她们真的见面，已经过去了一个月。先是晓凡出差，接着李诗的女儿生病。晓凡能够感觉到她俩都为了促成这次见面做出了努力，克服了惰性以及一些难以描述却确凿存在的阻碍。

晓凡出门的时候下雨了。她坐在车上仔细想了想，他们做那个超市的时候，她不是二十岁，可能是二十二岁，大学的最后一年。那么李诗和其他人就是二十六岁。她又想，她们其实也没想象中那么年轻，彼此间却仿佛刚刚学会用成年人的方式交往。有的时候甚至是笨拙的模仿。那是很长一段时间，对晓凡来说，称得上是青春的这段时间丝毫不短暂。

这一个月间她想起丘，但也没有比平常更多。她已经不再和任何人谈论丘了，很难分清是因为诉说欲的消失，还是因为可诉说的语境的消失，毕竟周围的人换了一波又一波，如今已经没有人听说过丘。前几年她得知过一些他的消息。结婚。搬去了浦东。有了一个儿子，接着又有了第二个。当然主要还是工作方面的好消息，非常好。但是她怀疑自己其实从未真正关心过他的工作。如今音讯全无之后，她还是持续地梦见他，梦并非停留在过去，却是自由地生长。也就是说她清晰地知道梦境里的丘，是一位她所不认识的青年（如果还能被称为青年的话）。当她全盘思索自己的人生时，已经不再细究这种感情，也不再对爱情下任何定义，只当作是底色般的存在，多少衬出一些当下的反光。

下车以后，晓凡在路口等了一会儿。马路对面站着一个撑伞的女孩，很像李诗年轻时的模样。矮个子，齐刘海，黑色的连帽大衣，又重又长，一直拖到脚面，露出下面一双蓝色的球鞋——这个时候李诗发来消息说她已经到了。

于是晓凡看到马路对面的女孩抬起手来，可能是挥了挥，也可能只是摘下了耳机。然后女孩——李诗——走了过来。

当李诗走到跟前的时候，晓凡意识到，不清晰的时间自然留下了一些根本无需多加描述的东西，相信此刻她们都已经在彼此的视线中找到了印证，所以才垂下眼睛或者望向其他方向，避免认真地打量。但是也很显然，时间在某些部分放过了李诗。她双手插在兜里紧张的姿势，她脸上持久的神态，这种东西在她的青年时期稀疏平常，此刻却流露出一种顽固的清澈，令人疑惑，以至于晓凡和她并肩走路，沉默不语，却几乎感觉到了情感的振荡。

她们拐进了路口的第一间咖啡馆。寒潮已经过去，所以她们选择了窗边的位置，但还是冷，没有办法脱去外套。很难想象过去她们熟悉附近的每一间饭馆或者咖啡馆，仿佛那曾经是一个非常小的世界，又或者她们占领过这里，世界。

晓凡没有吃午饭，要了一份热汤，李诗要了一杯白葡萄酒。

“你怎么样，你还在学校教书吗？”

“是啊，还是在同一所学校。但是我最近在考虑出国念书的事情，应该说是在准备和犹豫。”

“要是早几年，哪怕是两年，我都会立刻鼓励你赶紧离开这里。”

“是吗。现在呢？”

“所有伤筋动骨的事情都让人感觉有些疲惫不是吗？反正我也是善解人意了一些。”

“哈哈。确实每天花费了大量力气，最后不过是集中了精神而已。”

“话说回来，学校怎么样？学校里的年轻人会不会可爱一些？”

“学校里的小孩还太小了，我有时候觉得他们还没有成为年轻人，如果我们在谈论的是同一个词语的话。”

“当然啦。我们在谈论的是同一个词语。他们多大，十五六岁？”

“差不多。但我是一个满怀偏见的人。他们却不计较这一点，可能是因为他们的善良？”

“其实我想到的是N。小飞机场乐队的N。”

“啊，N是很可爱。我以为你早就已经不再听小飞机场了。”

“我原本也不太听他们的歌，好像和歌本身没有什么关系。但是N很可爱，当然阿P也是。你知道啊，就是我说的那种可爱的年轻人。”

“很多年前，我第一次去看他们的现场，N非常非常害羞，她不知道应该怎么说话，后来有一个女孩跳上台去送了她一个鸭子的气球，是那种分量刚刚好飘浮在地面的气球，她就乖乖拖在手上，鸭子也好像也跟着她在地上轻轻地走动。啊！那都已经是十几年前的事情了，不可思议。我后来也买过那种气球，有段时间商场里总能看到。”

“我大概更喜欢后面一个时期的他们。就是N从香港去了北京。A那段时间拍了很多他们的照片，那可能也是A照片拍得最好的一段时间。哪怕现在想来都觉得那是一种粗糙又生机勃勃的东西。”

“我也记得。奥运会前期的北京。但是持续的时间太短了。她可能待了一年多就回到了香港。啊，说到这里，我觉得你应该去听听看《五点钟去天光墟》。大概就是唱早上五点钟和朋友们去天光墟，然后再去吃早饭。我可以听上一百遍，但是给身边的朋友听，他们就都很勉强。不过你会喜欢啊，我们早上五点钟去过很多地方。”

“是啊！我怎么忘了，我们早上五点钟去过很多地方！”

“我后来看过一段采访，在采访里N提到她前几年看到飞碟的事情。她说当时是在曼彻斯特，可能是在朋友家里，在窗边看到空中有几个活动着的光点，先是分散地飞，然后又一起以很慢地速度往一个方向飞。她手边没有相机，没有办法拍下来。然后她又想叫身后的同伴，但是没有办法挪动身体，等到她告诉他们的时候，那些光点已经不见了。”

“哇。我也好想看到飞碟啊。但是我可能看不到了，我没有N的品质，N身上有一种难能可贵的品质，那种称得上是可爱的东西。”李诗很快喝完了杯子里的酒，问晓凡要不要和她一起再喝一点。晓凡纵容了她，于是接下来，她又要了半瓶。

晓凡从未和李诗一起喝过酒，她们过去不喝酒，大概是因为不需要任何轻度的麻痹就能够感受到被无限放大的快乐。不需要酒精，药物，任何外部刺激。这件事情晓凡后来才想明白。

“你现在还打游戏吗？”

“你是说联机的那种吗，早就不打了，也已经不在电脑上打游戏了。”

“哦，我是想起来我们以前常常去游戏机房和网吧。”

“但那些事情从来不是我的强项啊，主要是因为丘，丘和小林真是疯子。我后来再也不认识这样的疯子了，真是太奇怪了。而且放在那个时候，甚至会觉得他们对游戏的痴迷是一种非常健康和年轻的状态。”

“当然啦。我还记得那会儿打游戏，大雪山下面的村庄，村民都被古神蛊惑了，但开始你不知道，还跟他们在树林里救山羊啊，找失踪的猎人啊，突然他们就开始打你。然后再被一个特别高大的精灵女祭司拯救。明明是个 NPC 啊，愣是觉得仿佛真的存在，还和她在瀑布下面说了话。”

“美！”

“美死了！”

“但是你知道我最喜欢的是哪部分吗？我最喜欢凌晨从网吧里或者游戏机房里出来，我和丘常常走在前面，大概是因为丘的关系，他走路非常快。然后我们打车老大远地去浦东那个饺子摊吃饺子和骨头汤。吃完了回到你们家，继续聊天，常常天就亮了。我们真的曾经是非常兴致勃勃的人。”

“那也是因为他们，他们是更加兴致勃勃的人，你见过他们这样的吗，把游戏付诸于精神世界。而且完全克服了一种出于沉溺的恐惧。”

“是啊，他们是怎么做到的。”

晓凡想起来，她和丘分手的那段时间（是她提出的），丘和小林拿到了一笔不小的投资，他们当然非常兴奋，全情投入地开发游戏，成立了自己的公司，最初只有他们两个人，之后的事情晓凡不清楚，直到前几年听说公司已经上市。可能对当时的丘来说，他甚至都没有机会顾及感情中遗憾的部分。当然晓凡也不会再有机会问他了。然而在后来漫长的时间里，她曾经反复思索当时为什么会分开，虽然没有发生过任何具体的事情，却确实有种不得不分开的需要，非常难以解释，暂时地归结为少年的无畏和对未来过分虚构的热情。

一个从来不喜欢游戏的人，在当时却为什么热衷于冒险呢？她问自己。

外面的雨停了，乌云后面透出被稀释的光线，从窗外照进来，温柔地映在李诗的脸上。晓凡想要继续这个话题，她想要知道一些具体的信息。比如说那间公司现在的运作情况，当然，还有丘的情况，她想要谈论那些具体的可被描述的日常。但是有什么在阻止着她，也在阻止着李诗。每当她们想要前进的时候，却在后退，或者干脆绕开。可能是因为此刻的对话中，有一些非常畅快的东西，任谁都不忍心轻易打断。

很快她们就一起喝完了半瓶酒，李诗没有再询问晓凡的意见，直接又要了半瓶，然后从口袋里掏出一包红双喜，点了一根。很难想象她已经和丘还有小林一起变得有钱。晓凡也是突然意识到这一点，但这种意识也说不上有多么清晰。她当然也会回想起和丘一起从襄阳路服装市场走出来，塑料袋里拎着两条难辨真伪的 Levi's 501 牛仔裤，然后再去隔壁的碟片店买几张碟。但是这种回忆的意义难道仅仅在于和目前的生活形成对比吗？甚至连对比都称不上。小林或许要更踏实一些，他是他们中间第一个购买保险的人（很多年前)，他热衷于各种条款的关联，字句之间的陷阱和可能性，那些东西和游戏程序代码一样，成为他的安身之所，可以被确切衡量和描述的东西保护着他，使得他免于世界的打扰。很难说，李诗是否也属于这个世界中的一部分，是否连同他们的女儿一起，被他屏蔽在了某个可被描述的安全距离之外。

“我待会儿要去接女儿，但是还有一点时间，我们还能再待一会儿。”

“我常常忘记你有孩子。那她算是可爱的年轻人吗？”

“她太小了。她是个非常实心眼的小孩，我可以和她待上一整天，看她大笑或者露出得意的神情，她没有那么爱玩游戏，其实是我在讨好她多一点，或者说是我喜欢和她在一起玩游戏，这样我们就能丝毫不尴尬地待在一起。”

“你尴尬什么？”

“我就是这样的人啊，一个尴尬的人，也不是不开心，就是尴尬。”

“哈哈哈。”

“因为最近在做剧本的关系，想起很多过去的事情，丝毫不带稀释的，有时候能具体到和某个人在向下的电梯里见到的第一面。倒不是怀旧，是希望在每个与大时代交错的时间节点上找到一些意义，或者理想付诸流水的那个起点。想要谈论。有时候我觉得，我，或者说我们，差一点就能实现自己的理想了。”

“什么理想？”

“很难总结，但可能是毫无压力地浪荡。”

“哈哈！那么我告诉你，现在比起没有可爱的年轻人，更惨的事情是，没有可爱的男人了！”再也没有一个和丘一样的人，一个真正的朋友——但是晓凡把这句话咽了回去。不要，绝对不要陷入具体而毫无意义的回忆中。她提醒自己。

“想起来过去我觉得很没劲的年轻男人，甚至说是讨厌和猥琐的那些人，过了那么多年反倒理所当然地成为了主流，又由于被赋予了自信的缘故，产生了另外一种精神面貌，还因此获得了很多年轻女孩的青睐。就连我自己，都改变了对他们的看法，甚至对他们产生了信任。但并不是说我就不疑惑了。我无法判断自己的标准是否也是摇摆的，还是说归根结底我是和他们一样的人。”

“没错！一方面是这样的，另外一方面来说，我们过去喜欢的那些人呢，他们都不见了。也不知道是从哪个时间点开始就消失了，不明白。”

“能和你这样说说话真是太好了。”

“是啊。太好了。”

现在那半瓶白葡萄酒已经又喝完了，她们应该可以再要一些，但是谁都没有动。晓凡想不起来过去她们有过这样的交谈，她们的友谊曾经建构在更为具体的行动上，有一年的夏天她们甚至一起办过游泳卡。但是她始终感到这些随时都会消失，正如几乎所有的友谊本来应有的属性。当它消失的时候，除了短暂的叹息，也不会牵动感情里其他的部分。而此刻她所感受到的是一种少年时代绝不曾有过的兴致勃勃，带着感慨，和一见如故的情绪。也可能是酒精的作用，但她清楚哪怕是被放大的细微，也是值得珍惜的。更何况，她相信此刻的李诗怀着和她一致的想法。

“时间正好，我要告诉你一个连我自己都感觉震惊的消息。我在和小林办离婚。”

“什么！”

“是啊，这个过程漫长又拉扯，一旦仔细想起来自己正在做的事情，真的非常吃惊。不过我和小林之间的问题始终存在着，并非因为我们是一个机器人和一个厌世分子的组合，而是在很久以前，我对他就没有感情了。可是我隔了那么长的时间明白过来，中间自然是做了不少错误的事情。”

“有其他人出现了吗？”

"有，但其实根本无所谓是不是有具体的某个人。不过小林知道了这件事情，是我主动告诉他的。因为我特别愚蠢，自以为是的诚实。结果彻底激怒了小林。他认为这件事情可以修补，他把错误都归结为出现了漏洞的游戏程序，伤脑子，耗精力，但是最终会补好。"

晓凡不知道李诗是否在等待她继续发问。但是她静默着，任何提问都显得不合时宜，仿佛轻微的振动都会致使某种东西的坍塌，而她，或者说她们，都需要此刻是坚固的，礼貌的，不涉及任何具体的描述的——"嗯。"

"在小林的要求下，我换了手机号码，和过去所有的朋友断绝了联系，他也暂停了工作。我们先是这样面面相觑地待在家里，还有女儿。我配合着他们，打起了精神，也想要保护这个小小的宇宙。不得不说痛苦能够带给人奇怪的生命力。在这段被强制隔离的时间里，至少是平静的，也能够感觉到一些快乐。"

"你们三个人每天都在家里待着？"

"大部分的时候是在家里，除了家人之外也没有和其他任何人来往。啊，我们也出去旅行了，去了冲绳，两次，因为女儿很喜欢那里。最后当然我们都还是失败了。女儿回到学校上课，小林回到公司，但是我没有再恢复和任何一个朋友的联络，直到现在。小林之前撂了很多狠话，现在都放下了，我们在认真地讨论女儿的归属问题。如果我不那么穷就好了，当成为一个个体的时候，很多问题也会变得稍微容易一点。”

说到这儿，李诗停了下来，看了看时间，收拾起烟盒，叫来服务员买单。在这个停顿中，晓凡清晰地想起她们彼此第一次见面时，在丘和小林的租屋里，李诗坐在对面的椅子上。他们四个人切开一只西瓜，一起用勺子挖着吃。过了一会儿，李诗和小林去了里面的房间谈话，谈了很久，而她自己在外面，看丘玩《三国无双》。

走吧。她们站了起来，拍拍大衣，提起各自的包，站在咖啡馆门口，利落地道别。

至于那间小超市，在回家的路上，晓凡几乎完整地想了起来。

肯定是夏天，松江大学城刚刚建好的第一年，他们想赶在暑假结束之前开业。丘有一位中学好友的家在松江，是当地小有名气的流氓，当时经营着一家网吧。后来晓凡交往了一位少年时代在松江镇上度过的男友，还随口打听过那个家伙，男友说那个人确实很有名，人称松江扛把子，比他大两三岁，他中学里面一直非常希望加入他们——“你竟然认识他啊！”——他的口气里满是天真的嫉妒。

想起来要做小超市，多半是因为有一天凌晨他们四个人从家里出来，在马路对面的好德里面买泡面，火腿肠，然后站在马路边抽烟，谈论了一会儿丘和小林当时在日本便利店里打工时候的情形。还有好吃的牛肉便当。当时马路边种着很多泡桐树，后来世博会前夕为了造园区都砍掉了。

丘很快找到了那位扛把子，解决了店面问题，便是用的他自己家空出来的街面房。小小一间。他们每个人都或多或少地出了一些钱，丘问家里借了两万块左右。接着他们立刻在当地雇了配置简单的工程队，开始装修。丘和小林住在了网吧里。晓凡第一次去看他们，小林不在，丘光着上半身，和工人一起坐在门口的台阶上，吃炒面。

为什么无法再和李诗谈论起这些呢，她并不清楚。她们一定也是在见面以后才意识到，具象的回忆是无法谈论的。她们被一种清醒的意识拉扯着，站在了远处。合理并且礼貌的距离。涉及丘，当然也是如此。那些动人的场景逐一变得模糊，非常残忍，不可逆转。然而在这个过程中，脱离物理存在的东西反而更加清晰，而且因为不能被描述，所以再也无法被剥夺。

超市装修完成前的最后一天，晓凡和丘从麦德龙卖场进了第一批货物。他们坐在租来的小面包里回到郊区，装的货物绝大多数是碳酸饮料，膨化食物，卫生棉和文具。工人们已经撤了，李诗和小林在打扫卫生。周围的居民往来张望，驻足门口与他们聊天。到了傍晚，松江扛把子和另外两个朋友搬来一袋西瓜。

他们在镇上吃了一顿火锅，步行回到店里继续干活。沿途经过刚刚建造好的学校，空无一人，不见灯火。虫子在近处和远处疯狂地鸣叫。他们一直忙到凌晨，筋疲力尽以后，所有人就地躺倒。中间晓凡醒来一次，头顶的日光灯全部开着，如同梦境。

她再次醒来是早晨六点。这是她大学最后一个学期的第一天，早晨八点有课。于是她轻手轻脚地收拾东西，没有洗脸，从架子上拿了一瓶矿泉水。地铁还没有通往这里，晓凡坐上了郊区的专线小巴。很多人正要赶往城市，她抱着书包被挤在窗边。有人推开了窗，涌进来新鲜干净的风。大片的工地，荒野，农田和绿化带从她的眼前掠过。她想起来，走的时候没有吵醒任何人，也没有和任何人告别。

二〇一六年六月

抒情消亡简史

青决定要带年轻女孩去见杨以后，思索了一会儿（甚至没有超过五秒钟），便坦白说她和杨曾经交往过，那是几年前的事情了——四年，她仔细想了想。年轻女孩轻轻耸耸肩，看得出来她对谈论感情没兴趣，于是青便也抛开了想要就此聊聊的念头。

去年冬天，年轻女孩委托朋友主动联系青。她当时在一间法国人的公关公司上班，促成了青和一个指甲油品牌的合作，用青的三张小画做了一套限量版指甲油的包装。她们之间的沟通都是通过电话，照理说这种来电会让青感觉尴尬，主要因为她不习惯谈论钱，但是年轻女孩逻辑清晰，语气里有着不容推脱的确凿。这件事情让青轻松赚到了一笔不错的钱。

接下来年轻女孩又找过青两次。春天，她邀请青参加音乐节，她认为青应该多出来认识一些人，青没有去。初夏，一个快消类的服装品牌通过年轻女孩找到了青，希望青能帮忙设计周边产品。这本身没有什么问题，而且收入也会非常可观，但是合作方要求到青的画室（也就是她的家）拍摄宣传片。当时青的老狗得了重病，她想以“狗的年纪太大，不太欢迎陌生人”为理由拒绝，最后却被年轻女孩说服。拍摄进行得很顺利，狗难得提起了精神，还留下了温柔的合影。

等这些事情过去以后，青想要请年轻女孩吃顿饭，或者买件礼物给她。但是年轻女孩说不用客气，她自己也因为青的事情赚到不少钱。于是青想，原来年轻女孩并不想要和她成为朋友。

但是不久之后，年轻女孩主动约青一起午餐。青提议不如再叫上年轻女孩的一位同事，那位同事跟进了整个拍摄过程，帮了不少忙。但是年轻女孩说她只想单独聊聊天。

她们约在一间喝早茶的广东餐馆，是年轻女孩选的。气氛杂乱，工作日的中午，周围都是在谈论股票的中年人。她们要了肠粉，蒸排骨，虾饺，蔬菜，两只乳鸽。“会不会太多。”年轻女孩嘀咕着又要了一碗艇仔粥和一壶铁观音。

年轻女孩穿着一件浅蓝色的男式衬衫，短短的头发全部往后拢，露出一张干净的脸，是如今杂志上最常见的时髦长相。单眼皮，眼角下垂，给人一种近乎冷漠和天真之间的印象。宽肩膀，骨头长得匀称好看，尽管坐着，却看得出个子很高，像刚刚度过青春期的男生。她比青想象中——嗯，青其实并没有想象过她的长相。只能说她的长相和她表现出的性格之间没有任何冲突的地方。

青穿着平时在家工作时穿的黑色T恤和牛仔裤，和年轻女孩相比，她反而因为一种标准化的好看而失去了可辨别的特征。更年轻的时候她被笼统地称赞为美，这种美到现在也没有消逝，反而被时间强调得更加明显。然而，她到了这样的年纪，觉得美毫无意义。这种想法无疑也干扰了她的创作，却令她以进入另一种焦虑的方式摆脱了原有的焦虑。她看着年轻女孩想，真是很难分辨比自己小十岁以内的人之间的差别，年轻女孩比她小十一岁，也被她纳入这个范畴。但是反过来，一定是不成立的。对年轻人来说，每一年都是差别。

青以为年轻女孩有新的工作想找她谈，毕竟她们的交往仅限于工作。和年轻女孩聊天是令人愉快的，她有许多令人赞赏的品质。比如她从不阅读星座专栏，非常爱钱，也很习惯于谈论钱，但是她没有参与炒股，不赞成投机取巧的事情。尽管她仿佛对现在的工作有些不满，却从未抱怨。因为她的不满并不来自于外界的现实问题，而是来自于自身边界的束缚。

结果年轻女孩却只是和青说起将要与母亲去香港旅行。她问青哪里能找到好的二手书店，她想买进口杂志和设计书籍，她也希望青能推荐几间好吃的饭店。青尽力回忆起那个黏糊糊的城市。她去过四五次香港，或许更多，却没有留下什么清晰的印象。太吵闹，马路上的人没有礼貌，室内的冷气又打得太足。但她还是推荐年轻女孩去湾仔的星街，她曾经在那里一个朋友的家里住了大半个月。需要走一段上坡路，但是干净，植物很好，咖啡馆也不错。她推测年轻女孩会喜欢，可也说不准。听说南丫岛不错，还有大澳那边的渔村。青都没有去过，她自己对旅行一点不感兴趣。蛇羹很好吃，还有一间米其林一星的路边摊，但是她忘记名字了。年轻女孩说没事，她可以回家查查。

接着年轻女孩说端午节的时候，她和朋友去了附近的一个岛上看海。沙滩很烂，但是海鲜很好吃，贝壳在火上烤到自己爆开。结果回来的第二天就拉肚子。青问她海岛在哪里，她说是嵊泗附近的小岛。青说她几年前也和朋友说好要一起去，结果碰到台风，后来便没有再想起这件事。

“其实是因为我一个月前辞职了。”年轻女孩说。

“欸？没有听你说起过。”

“本来觉得没什么可说的。但是最近又担忧起来。”

“担忧什么？”

“你二十五岁的时候在做什么？”

“十年前啊——我从日本念书回来，什么都没做，身边朋友的境遇也都差不多，纷纷打着散工，于是我们就整天在一起玩。这样的情况断断续续持续了三年，也可能更久。”

“有什么好玩的？”

“也没什么具体的内容。但能够肯定的是，那是一段真空到烦恼无法存活的状态。有短暂的伤感，不过称得上是烦心事的，一件都没有。”

“不用担心没有钱吗？”

“不记得了。画画的年轻人都没有钱。后来当大家情况都好起来以后，有人把当时的贫穷作为印记来强调。但是我一点也想不起来了。二十五岁不玩的话，还能做什么呢，什么都做不了。”青认真思索了一会儿，“说到这里想起了居易·德波，写了《景观社会》的法国人。”

“听说过。”

“五十年代他提出不要工作。我们都认为他说的就是让大家喝酒，写作，看电影，用怠工来抵抗堕落的社会。因此我们中间很多人喜欢他，觉得我们整日玩耍，其实质却是在抵抗和革命。当然我们那会儿太年轻，并不知道无所事事是需要天赋异禀的。而我们所做的一切与抵抗也好，革命也好，丝毫没有关系。我们生活在二十一世纪初的中国，甚至连失望都没有。失望是后来的事情，”青停顿了一会儿说，“嗯，失望是很后来的事情。当时我们风华正茂呢。”

“你可真是一个奇怪的人。”年轻女孩轻松地笑起来，耸耸肩。

走出饭店的时候，外面突然下起了暴雨。她们都带了伞，但是雨太大，无法步行到地铁站，也喊不到车。年轻女孩说不如去她家里躲雨，也可以喝杯咖啡，她家就在马路对面的弄堂里，只要跑几步就到了。于是她们各自撑着伞，冲进雨里。年轻女孩跑得飞快，青跟在她身后，电闪雷鸣，马路上既没有车，也没有行人。

直到门口，年轻女孩才顺口提起说，还有两个朋友在家，但是没有关系，他们在录歌，不会互相打扰。青感觉冒失，不过这种时候说要走又显得有些不成熟，而成熟是她理应具备的品质。年轻女孩解释说这两个朋友都和家人住在一起，所以想要干活也好，想要玩也好，都会来她家里，他们几乎每天都会见面。

这是一幢老式公寓，厨房是公用的，楼下有个不错的小院子，走进楼道就闻见一股霉味，年轻女孩住在二楼。所有的老式公寓都有相同的问题，地处市中心，外面看起来很美，绿化也很好，四季分明，里面却腐坏了，过分潮湿，而且通常都有鼠患。除了原住民之外，最多的租客就是年轻人和喜欢法租界的外国有钱人（有些内部改造过的公寓租金高得吓人)，青的朋友中间既有前者，也有后者。但是不管怎么说，她很久没有去过他们中间任何一个人的家了。

两位朋友是一个胖男孩和一个瘦女孩。男孩戴着黑框眼镜，穿着深粉色的T恤衫。他有些拘谨地自我介绍说正在哥伦比亚大学念新闻专业，暑假回来正在做一个采访项目。他说话飞快，语气里有种缺乏经验的急促和羞涩。他有时候转过头去和另外一个女孩说英文。女孩个子高，有张叫人印象深刻的脸，是杂志里常见的另外一种时髦长相，穿着小号的牛仔衬衫和同样颜色的长裤。她帮大家做了咖啡，半途起身接了男朋友打来的电话。

男孩得知青的名字以后顿了顿。青担心他要谈起自己的画，确实她有时候会遇见知道她的年轻人，在有限的范围内她算得上是非常出名，但是男孩接着说，他常常听年轻女孩提到青。青松了口气，这种时候谈论起自己的画只会叫人尴尬。而且她觉得年轻女孩并不喜欢她的画，尽管她们之间的工作都是基于这些画，但她们从未谈论过画本身。这也是青喜欢年轻女孩的地方，仿佛她能够清晰地察觉到作品的问题，因此选择闭口不谈。

嗯。青的作品里自然有一些难以言喻的动人，笼统说来，那种动人大致就是不断受挫的天真。尽管她的进步已经变得非常有限，但是她从未停止过对精神世界的建设，或者说小修小补。她有自己的标准，才华也没有如大部分人一样受到时间的折损。然而对她来说，才华毫无意义。她追求的是自己无法描述的东西。与其说是迷惘，不如说是失望。她能够清晰地看到那件东西——或许能被称为是彼岸的冒险和滩涂——是无法获得之物还是无法抵达之所并不重要，甚至是名词还是形容词也不重要。她的问题是，她无法描绘它，哪怕是最笨拙的临摹，一切试图记录的形式都是失败的。她的停滞便是缘于这种他人（尤其是观众或者读者）根本无法理解的失败。

青喝了一口咖啡，放松地打量起这个房间。房间很小，但是没有任何多余的家具，所以显得并不拥挤。地上叠放着两张床垫，没有桌椅。床头柜上放着电脑和迷你音箱。铺着一小块灰色地毯。没有衣柜，数量非常有限的衣服都整齐地挂在架子上。没有厨房，洗手间很小，无处容纳的洗脸池被安置在了床垫旁边。

女孩接电话的时候，他们讨论了一会儿《夏日的酒》哪个版本更好听。男孩说他更喜欢拉娜·德·蕾和她男友翻唱的版本，因为更迷人，像个幻觉。然后他征询青的意见。青不知道拉娜是谁，于是说她更喜欢南希的原唱。年轻女孩表示同意，她对青说："如果我们出生在同一个时代，我们应该是一样的人。”青喝完两杯咖啡，抽了一根烟。男孩也陪她抽了一根。他们始终没有开始录歌，正兴致勃勃地讨论着待会儿去哪里吃日本拉面。

然后雨变小了。年轻女孩建议青不如趁现在去喊车，很难讲待会儿雨会不会变大。青尽管起身开始穿鞋，却冒出如果和他们一起去吃拉面或许也不错的念头。但她很快抛开了这个念头，拿起自己的雨伞。

青在回家路上想起来刚才那个女孩是位模特，她总能在杂志上见到她，不过她和照片里看起来就像是两个人，不是因为脸，脸的话，并没有差别。青还想起一些十几年前的事。很模糊。但是她觉得从具体的细节来说，和现在也并没有多大的差别。

之后年轻女孩没有再联系青，青却不时地想起她来。

这段时间里青交了好运。先是一位德国的收藏家联络她，她在日本的一次群展上看到了青的作品（因为要照顾老狗的缘故，青并没有出席开幕式），想到她的工作室坐坐，并且看看她更多的作品。这位德国女人的助手第二天再次回来，购买了青的五张旧作，这件事情在圈内引起小小震动。接着青接到更多的展览邀约，她拒绝了三个，其中有一个是在伦敦的个展。因为她确实拿不出那么多作品，尽管她很勤奋，但她是个非常缓慢的画家，而且目前她的工作完全停滞了。她坚持认为此刻旧作的风靡是出于投机和功利，说到底附庸者只对他们根本就不欣赏的成功感兴趣。这些令她感觉羞愧，反过来更提醒着她，她心中无法描绘的——嗯，她不知道那究竟是名词，形容词，还是动词。

和公关的相处倒是令人放松的。大众向来不明就里，从某种意义上来说，甚至显得冷酷无情。青习惯于这样的冷酷，她从不需要与他们谈论创作，但问题是她觉得谈论钱也是非常为难的事情。

有一天朋友建议她找一个经纪人，一个值得信任并且能够保护她的人。青立刻想到了年轻女孩。于是她毫无迟疑地给年轻女孩打了电话。

年轻女孩表示非常感兴趣，而且她认为青确实应该更好地经营自己。但是她也诚实地表示，她对于画廊方面的事不了解，需要做些功课。另外虽然她辞职了，却和几个朋友合开了一间小型公关公司，代理一些国内的服装设计师。因此不管是哪件事情都无法全部占据她的时间。

“既然你们交往过，你们俩自己谈会不会更好？”

“不不。我没法和他谈工作，工作让我们彼此失望。”

“哦。这样啊。”

“但他是个好人。可能有时候会表现得很蠢，运气也不太好，但他是个好人。”

“你想帮他吗？我总得知道你的意图。”

“他说有个项目。但是他向来对我的画不感兴趣，所以我想可能是其他的事情。如果能帮忙的话当然是想帮他的。”

“但是我也不会让我们自己吃亏。”

青提前二十分钟到达餐厅时，年轻女孩接完工作电话刚刚出门。她总是会迟到一会儿，但是程度又保持得非常合理。这是一间改良过的川菜馆，杨挑选的地方。年轻女孩出现的时候拿着伞，她说外面下雨了——“为什么我们每次见面都下着雨。”——她穿着一件浅色针织背心，黑色的长裤和高跟鞋。头发照旧利落地拢在耳朵后面。显然做了准备。青想，即便是杨也无法判断出年轻女孩的年龄。

“今天你看起来不太一样，怎么回事？”年轻女孩坐下以后却探究地看着青，发出这样的疑问。

“欸？大概是因为用了一点唇膏。”青说。和年轻女孩不同，青依旧穿着工作T恤。杨不喜欢她这样的打扮，认为她凡事都过分谦逊谨慎，视自己的美为无物对杨说来是一种不合时宜的天真。而青则倾向于故意给人留下“我什么都不打算干”的印象。

“哦，是你的眼睛，你的眼睛闪闪发光的。”年轻女孩继续看着她。

尽管青知道她的语气里没有丝毫指向性或者讽刺，依然感觉不好意思。为了转移话题，也为了让接下来的谈话顺利进行，青再次向年轻女孩强调了一些事情——杨是一个非常好的人，但并不讨人喜欢。他向来以礼貌，文艺和冒险的标准来要求自己，却给人留下暴躁，无趣和功利主义的印象。他喜爱一切漂亮的事物，崇拜年轻人，又不由自主地表现出盲目的热情和目空一切的顽固。这些外界的偏见全都是对的，而且他自己浑然不觉。要命的是，如果一个人能够把偏执的部分发挥到极致，或许也会以另外一种形式将世界击溃。然而，他又被过时的理想和自以为是的情怀折磨，彻底乱了分寸。

年轻女孩问，那么杨的画廊目前经营状况如何？

从表面看起来还行。去年策划了一个项目叫“买得起的艺术”，笼络了一批不错的年轻艺术家。项目反响不错，作品却卖得不好。他太容易受到周围人的影响，丧失自己的判断标准。但他靠贩卖廉价的艺术周边产品赚到不少钱。

年轻女孩又问，那和他说话的时候要注意些什么？

嗯。青想起有一天他们坐在车上（那辆旧的黑色丰田雅力士去年终于被青卖掉了），青开着车，杨坐在副驾驶位上。他们正穿过一座长长的跨江大桥，横风吹得很厉害，青不得不使劲握住方向盘。杨放着一张他喜欢的唱片，可能是斯汀或者治疗乐队。然后他打开车窗抽烟，询问青是否闻见了江水的气味，或许是长江。他已经尽力表现温柔，但是温柔也折磨着他。

青正在思索如何把这句话的意思准确表达出来，杨来了。

杨穿着一件长袖白衬衫，袖口挽起来，露出一截结实的小臂，下面穿着牛仔裤和球鞋。他很少在穿衣上花费心思，所以终年都穿基本色的衬衫。他所有的衬衫都很昂贵，同时他的日常生活却保持着一种九十年代大学生式的清简。而且在他人生的大部分阶段，他都是单身。

“好累啊。”杨说着把双肩包放在旁边的椅子上。

青给他们彼此做了介绍——之前她在电话里和杨提过，会带上自己的合作伙伴，不知为什么她无法说出经纪人这个词语。尽管她知道这一套语系对杨来说非常管用。年轻女孩耸耸肩，没有显出热衷于参与这场对话。但是青知道，年轻女孩身上有种迷人的东西，令人不由想要讨好她。

接着他们为了避免最初的尴尬，各自研究起菜单。杨提议每个人选自己想要吃的菜。青让年轻女孩替她决定，她对食物不热衷也不挑剔。于是年轻女孩不客气地要了炖牛肉，豆瓣鱼，两份凉菜。杨只选了一个蔬菜汤和一碗豌杂面。青又多要了一份蘸水豆腐。青和年轻女孩都没有吃饭时喝啤酒的习惯，于是杨自己要了一瓶冰啤酒。

“这家店是——开的。”杨说了一位插画师的名字。

“欸？大家都在开店呢。我听说老周又开了个面馆，就在他原先酒吧的旁边。”青说。

“酒吧快不行了，现在没有人看现场演出，新出道的乐队大多哗众取宠。”

“也不完全是这样的。”

“噢，年轻人发话了。大概我们都是过时的老派人。现在你们都听些什么乐队呢。”

年轻女孩没有接话，点了根烟，于是杨也点了一根。

“你抽牡丹唉，特别酷。”年轻女孩说，她自己抽的是白万。

“现在很少有餐厅能够抽烟了，就连现场酒吧都弄了吸烟室，世界变得越来越不好玩。”

“画廊现在怎么样？”青出于礼貌提问。

“别提了。园区现在被那些国外回来的富二代搞得乌烟瘴气，还有那些打橄榄球开摩托车的家伙。游客，整个园区里到处都是游客，闹哄哄的，导致房租不断上涨。五年前最早进驻的那批人都走得差不多了。这期间先是和政府的人协商，现在又被乌泱泱的商业概念挤压了生存空间。”

“打橄榄球的？你是说那几个设计师的男朋友吗？”年轻女孩问，“他们每个周末都在体育场训练，确实是一群招摇的家伙。”

“是啊，你看，时代突然就变了。还有投资人。投资人一夜之间都被洗脑了。没有人再对传统的画廊经营方式感兴趣，太缓慢，他们想要集体抛弃。园区的咖啡馆里他们都在谈论互联网思维，不管是谁都想涉足知识产权，但不是我们概念中的知识产权。”

“嗯。”

“亲爱的，每个人都被席卷于浊流中。要不就是生活在自以为高雅的绝望里。”

服务员端了菜上来。杨打开了啤酒。年轻女孩说她饿坏了，大大方方地吃起了牛肉，一边惊叹非常好吃。“真是太好吃了！”——谁都没有想到一个插画师开的餐厅竟让食客们使用了如此简单的形容词。而其他大部分设计师都在装修上花了太多心思，哪怕如此，有些细节他们还是永远搞不定。比如说餐桌之间适合交谈的距离，灯光要不太暗，要不太亮，永远在投诉的隔壁邻居。有一回青在一个咖啡馆的露台上喝酒，晚上九点（并不算很晚）被愤怒的隔壁居民泼了一盆水，所幸大部分的水都洒在了隔离绿化带上。

杨吃了一口鱼，太辣了，他说着放下筷子，掏出手机。

“我刚刚给N打了一笔钱，他的电影现在在众筹阶段。当然都是他女友在操作这些事情，他女友是联合制片人。院线的排片少得可怜，只能靠自己出钱。这是他们最后一场众筹放映了。”

“你总是这样，一边反对荒谬，一边又不断地参与到荒谬中去。”

“哦，我还以为你会喜欢那部电影。”

“排不上院线是正确的，根本不是值得一提的电影。为什么这些人还在津津乐道于上一个时代的故事，九十年代的青春，为什么我们依旧要对九十年代的青春感兴趣？都是陈词滥调。相似的痛苦，折磨，全部都不值一提。为什么还要反复去说呢？”

“可是你不也在画这些东西吗，相似的痛苦，相似的折磨。你也是在重复。”

“所以我不画了。没有意义。”

“没有意义。我是一个会反省的人，所以我停止了。”青又重复了一遍。

三个人沉默了片刻，青也点了一根烟，只有年轻女孩还在吃东西。她把凉拌牛肉里面的牛肉都挑光了，剩下一大把香菜。然后她说这里的音乐真好听，听了让人想要跳舞。昨晚上她和朋友跳舞跳到早上四点，接着他们又去了她家里聊天。真累啊。但是尽管如此，她大口吃着食物，看起来却有种少见的郁郁寡欢。

“你从来没有喜欢过我的画，是吧。”

“我早就对画不感兴趣了，我只是在服务于你们这些画家。”

“那你对什么感兴趣？”

“说实在的，我对什么都不感兴趣。我过去以为我喜欢旅行，但其实不是的。我对任何事情都不感兴趣。但是我依然在追逐一些虚妄的东西，我大概就是对虚妄的东西感兴趣。过去的二十年里，我从无到有创造了一些东西，建立了一些事业，但是最后我都不得不离开。我好像真的是运气差了一点呢。”

“不堪重负。”

“什么？”

“我觉得你看起来不堪重负。但其实不应该这样。”

“但是你为什么不再画画了呢？很多人都画得更加糟糕，但是他们都还在画。你以为这还是一个拼天赋的时代吗，傻姑娘。最后就是比谁在浊流中活得更久一点。”

“那他们是为了什么呢？”

“我也不知道他们是为了什么，大概也是一种消磨时间的方式。大部分人持续地在荒废时间，而不是享受时间。永恒不变的单调正在折磨这个时代，谁都无法逃脱。”

杨的手机响了，他按掉一次，又响了，于是他骂骂咧咧地出去接电话。

“他到底要找你谈什么？”年轻女孩问青。

“不知道。我现在想，可能他并不是想要找我谈工作。”

“天哪，那我在这里真是太蠢了。而且他不需要吃点什么吗，他什么都没有吃。”

“再忍受一会儿，吃完饭以后我请你喝酒。”

“我其实觉得你们挺有意思。”

“但是你看起来没精打采的，像是我们的无聊感染到了你。”

“没有，我只是在想象自己十年以后的状态。”

“再忍受一会儿。”

杨气急败坏地回来，说助理帮他订了明天早晨七点去广州的机票。太早了！接着他终于吃了几口面条，但又很快放下筷子，点了根烟，再要了一瓶冰啤酒。青知道此刻他并不是真的焦虑，甚至有些放松。他的酒量差得没边，现在也没有长进，稍微一点点的酒精便能让他感觉温柔。今晚在他所有的夜晚里应该算是不错的一个。

“你们啊，你们都太沉默了。”

“那你和我说说，你二十五岁的时候在做什么。”

“哦，真是太久以前的事情了。我大学毕业以后和两个同班同学横跨大半个中国到深圳创业。那会儿的深圳，遍地都是机会。同学的家里有政府关系，我们当时租的办公室就在类似现在国贸 CBD 这样的地方。一层楼。一个月一万块。”——这中间还夹杂着那条 1500 块的牛仔裤的故事，这些事情青都已经听过很多遍——而结局是，就在他们要签署一笔千万大单的前一天晚上，国家发了宏观调控批文。那是一笔钢材买卖？青觉得连杨自己也记得不是那么清晰。

如果杨获得了成功会怎么样？青想到自他们分手以后，她便再也没有在任何场合遇见过杨。最后一次见面是在北京某个二楼的威士忌酒吧里。杨喝了两杯以后对青说，至少有一点是好的，所有和他分手的前女友之后都迅速成功了——青问他到底什么是你所谓的成功——一部分人嫁了有钱人，一部分事业突飞猛进。他们从来不谈论这些，前女友或者前男友。但是青知道他的一任女友是她的同行，之前画画，和杨分手以后转而做观念和建筑，现在是炙手可热的艺术家。

这样说的话，青并没有获得任何意义上的成功。

“所以你们看，我就是这样的人，建造什么，便崩塌什么。”

“如果把这个拍成电影我倒是想看看的。比现在所有的青春片都好看。”

“哦？”

“青春片就应该是冒险和滩涂。”

是啊。青想，或许是这样的。

青从洗手间出来的时候，杨已经结了账，正和年轻女孩站在电梯口聊天。然后他们挤在狭窄的电梯里下沉，青挨着杨，抑制住自己想要握住他的手的冲动。接下来等他们站在门口告别时，这种冲动又出现了一次。

下着很小很小的雨，像是春天，却其实已经过了立秋。

青问杨现在住在哪里（当时杨住在园区附近的单身公寓里，后来听说他搬过一次家），杨说了一个小区的名字。年轻女孩接话说，哦，是个房租非常昂贵的小区唉。杨露出一种略微为难的表情。

和杨分开以后，年轻女孩说要带青去个好地方喝酒，有很飞的电子乐。

“今晚对你来说一定有点难熬。”

“没有。但是我刚刚在想为什么你们不能在一起，发生了什么。”

“我也说不好。”——因为本质上来说，我们对失败有不同的定义。青心想。

“他多大？”

“你猜。”

“三十……八岁？我说不好，他不是那种有明确年龄标志的人。”

“哈哈哈哈。杨今年五十岁了，他是1965年出生的。”

“我有一个前男友，比我小四岁。我们刚刚分手。他爸爸是1970年出生的，会半夜开着敞篷跑车带我们去吃夜宵，唱歌。所以那真是一个无忧无虑的男孩，无忧无虑到令人感觉厌烦。”

“是啊，杨所面临的问题归根到底大概就是，他在持续衰老。”

“唉。他五十岁了呢，我竟然有些同情他。他应该过得更潇洒些。抛弃更多的东西。泡妞，喝酒，不谈论意义。他应该过这样的生活。绝望，绝望是一个多迷人的词语啊。如果他潇洒地沉溺于绝望，我会迷上他的。会想要和他谈一场恋爱，安慰他，然后再被他抛弃。就应该是这样的。”

这时候她们路过一间酒吧，门口站着几个白人，空气里糅杂着大麻和酒精。

“这间酒吧非常有名，老板能定期请到最有名的 DJ。”

“阿 WING 开的？”青问。

“你认识她？阿 WING 是我的偶像。她搞过很多牛逼的电子派对，跳舞跳到停不下来。两年前的夏天她租下一个郊区的体育场，请了十个 DJ 过来。午夜到来的时候突然静默了一分钟。所有人都嗨了，但是静悄悄的。能看得到银河。”年轻女孩几乎叹了一口气。

“我们不到二十岁就认识了，在我去日本念书前，那个时候，好像所有人都认识。诗人，画家，吉他手，主唱，作家，摄影师，无所事事者，所有人都认识。”

“她那个时候在做什么？”

“她在北京念书，后来又退学了，和我们的一个朋友谈恋爱。”

青回想起二十岁的阿WING，最后一次见到她是在公园的露天音乐节上。演出结束以后的深夜，大伙照旧去老地方吃夜宵。一间不正宗的湘菜馆，但是通宵营业，啤酒成箱成箱地搬上来——那会儿所有的地方都不禁烟。南方乐手带着各自的女朋友坐在二楼（青当时交往着一个吉他手），北方乐手则占据了三楼（阿WING的朋友大多是从北京来的）。阿WING下楼来叫她的男友上去，那位年轻的键盘手觉得不能扔下二楼的南方哥们，拒绝了。整桌人喝掉一箱酒以后，阿WING又下楼来叫键盘手，再次被粗鲁地拒绝。五分钟以后，三楼的人从狭窄的楼梯冲下来，北方男孩和南方男孩们从二楼打到一楼，再从一楼打到大街上。

阿WING那天穿着灰色T恤，没有穿内衣，年轻，是任何男孩都愿意为她打架的年轻。

“你的画里有一些特别的东西。”

“欸？”

“在听你刚刚说起阿WING的事情时突然想起来的，之前我一直不知道那是什么。”

“说说看。”

“一种让人不由自主想要去模仿，却又不触发感情的东西。”

“可能是审美的愉悦。”

“我知道什么是审美的愉悦，我能够分辨一切明确的东西。精神，心理特征。不是那些。”

“那就是一种模糊的不可挽回的东西。”

“真伤感呀，不知道怎么的，感觉这是一个伤感的夜晚。”

“可不是吗。”

雨变大了，年轻女孩撑开伞，她们穿过繁华的马路，青想着，待会儿要喝双份的威士忌。

二〇一五年十月

大湖

马拉松前夜，晓原没有留宿白。为了缓解自己的内疚，她反而对他表现出欲盖弥彰的怠慢。在她自己看来，这种掩饰是善意和软弱，在所有旁观者以及白本人看来，却是傲慢和无情。

照理来说，第二天凌晨五点就要出发去外滩集合点，晚上留宿是人之常情。这段时间，白总是把“人之常情”挂在嘴边，他仿佛正在试着遵循一套世间通行的规则，压抑，简单，用那套条条框框来暂缓一些任谁都无法消灭的事情。

然而无论怎么说，夜晚已经熬过了大半。在此之前，白骑车过来做了晚饭，前后花费了三个小时。他过分耐心地把茨菰铺在五花肉底下，小火煮，中间不时搅动。如此谨慎的举动令晓原感觉焦虑，不得不关拢厨房的门，却依然能想象白一根根地清洗韭菜，试图向她证明爱或者日常之美，唤起她心中——柔软的部分？天快要暗下来时，白从厨房出来，提醒晓原暂停一会儿工作。他抱着她，向她诉说对岸夕阳中的楼房和河流的反光。晓原垂着嘴角，辛苦地没有说出讥讽的话。这些被她视为软弱和令人痛苦的日常，以及被荒废的三个小时。而白却在强调，这便是他或者他们每日驻足的场景。这种强调中有犹豫的成分，晓原很清楚，物质带给白的只有强烈的不适感，日常的运转他也未必真的明白。不和晓原相处的夜晚（最近变得越来越多），白依靠八点以后的打折面包和一次性购买了十斤的冷冻面条度日，超市加热的饭团也能让他高兴。面对这样的人，即便出于礼貌，也不应摧毁他的努力。

因此晓原常常惊讶于自己的铁石心肠，或者她根本不愿意承认，也无法面对这个冷酷的自我。认可白进入自己的生活是错误，白的存在方式也是错误。一种柳条或者浮萍般的存在，在随波逐流的形态中发出持久的哀叹，而他认为这便是美，反复告诉晓原，在某个他们无法说清的地方，在此刻两人漫长的疲惫中，包含着另一个真正闪光的姿态。美是毫无意义的啊。晓原确凿地想，柳条也好，浮萍也好，随波逐流的形态虽然具有美感，哀叹之歌也可以动听，但如果在人生中如此践行，只会给身边的人带来不幸。

晚饭前，晓原独自去楼下买啤酒，按照白的习惯保留了便利店的小票。小票上清楚地写着啤酒的牌子，种类和价格，为什么白要保留物件的票据，晓原并不清楚，起初他给过一个含糊到不可信的理由。记日记？他的扭捏暗示着一种渴望，渴望被追问和了解，但晓原从未再过问。偶尔她思索起这些票据的最终去向，它们被存放在什么地方，有效期限多长。连带想起的是，那些分开的独处时间，白做些什么，如何度过。

白原本不喝酒，他对任何导致失控的东西都保持警惕和嫌恶，却因为晓原的缘故，对一切不理解的事物怀有近乎报复的热切。喝酒的时候，他加入晓原，通常是龇牙咧嘴的一小杯，谈笑着，察言观色，试图学习或者模仿一种轻松的气氛。效果却截然相反。对晓原来说，和白一起喝酒如同惩罚，她不得不眼睁睁地看着他把一切缝隙填满，无法忍受的东西也因此而固定了下来。

不过气温骤降，属于啤酒的季节又过去了一次，晓原想，今天只喝一罐而已。

晚饭后他们一起看了半部日剧，里面有一个高级游民的角色让白咯咯笑个不停。一个和母亲住在一起，从不工作和恋爱的男人，四十岁，却对文学有着不错的见解。那位游民每每提及太宰治，三岛由纪夫或者川端康成，白就表现出得意，用夸张的笑声和局促的评注来吸引晓原的注意。羞涩的嘲笑，潜意识里的认同，伴随着几声讨好的呜咽，提示着晓原，这样的社会角色里也有着高贵的姿态，仿佛此时晓原应该和他共享一个精神世界。晓原不得不用更严厉的无动于衷来对抗这种不合时宜的热情。在困境中要承受她自己的厌倦已经够了，无法再消化盲目的生机勃勃。于是她趁着广告间隙宣布，今晚就到这里结束吧。

但晓原还是把白送到了楼下，现实生活中，她依然履行作为女友的最低义务。她注视着白打开自行车锁，跨上车，摆摆手，便轻易地跃入眼前的黑暗。

晓原摸到口袋里的啤酒小票，忘记交给白了。接下来的夜晚他会做些什么呢？

最坏的时期或许已经过去了——春天，白对晓原说，

“即便是出于人道，也不该就这样丢下我。”——之后，他重新回到成人教育中心教日语。与同事相处很累，学生家长过分势利，收入也微薄得不值一提。不过他终于用自己的工资在晓原隔壁的小区租下一小间屋子，不再从母亲那里拿钱。然而也很难说这一切是出于清晰的自我审视，反而更像是剧烈的抗议。在晓原看来，白不过是将此刻的生活视为规则一种，将不适应的，平凡的部分，作为人生的背景暂时接受下来。他交给晓原一小笔一小笔的钱，表示钱对他来说毫无意义。晓原拒绝了一些，接受了一些。除此之外，他恢复了长跑训练。那是苦夏到来前的最后一段轻松时间，至此，他陆陆续续跑了五百多公里。

晚上晓原当然没有睡好。直到凌晨两点她还醒着，之后做了一个短暂而伤感的梦，在闹钟响起之前便自觉醒来。窗外天还完全是黑的，下着秋天非常细小的雨。她吃了一只圆面包，一根香蕉，慢慢喝完半杯咖啡。跑鞋的鞋带按照白教的办法系了两次，结实地固定住脚踝和芯片的位置。等到她收拾妥当给白打电话时，响了很久才接起。白的声音仿佛刚刚从噩梦中惊醒。

晓原在隔壁小区门口等白。他推着自行车从楼道里出来，藏青色的速干衣外面套着同色的拉链衫，穿着一双合脚的旧跑鞋。白的每样东西都保存得很好，自己刷跑鞋，坚持在书桌上铺台布，手腕上戴着的卡西欧运动手表也是大学时代的古董，无法网络定位，但日常跑步训练和估算速度也足够。每次晓原带他去商场购买必需品他都表现得非常不安，对崭新的事物心存畏惧。直到现在，他还在使用五年前第一次跑马拉松时组委会发的号码包和擦汗巾。

白从号码包里掏出一根发黑的香蕉，晓原说吃过了，他又掏出半块裹在锡纸里的巧克力，晓原接过来塞在防雨外套的兜里。接着，她阻止了他掏出装在保温瓶里的热咖啡。然而她冷漠到残酷的态度也无法击溃此刻的共同体，他俩蹬起自行车往外滩去。

这是晓原的第一次马拉松，白的第二次。五年前曾是惭愧的失败。当时白依然是国家二级运动员，所以哪怕是作为运动员这样物理性的存在，他也无疑是失败的，而且宣判的标准更为严苛，无法撼动。如今他很少提起这桩往事。由于十公里跑过三十五分钟的不错成绩，白把初马的目标设置为三个半小时。结果三十公里处右膝盖的旧伤发作，三个半小时的目标被疲惫粉碎，四小时也在膝盖的痛感中化为乌有，之后被过低的体温折磨，虽然关门前完成了全程，成绩却比预想中晚了两个小时，膝盖在很长时间内也无法恢复。总之，明明想要开启新人生的大门，却因此而中断了长跑。

所以当晓原开始跑步以后，白送了她髌骨带，晓原却拒绝使用。虽然她从未经过规范训练，膝盖却怎么跑都没有问题，韧带和肌肉完美地固定住了髌骨的位置。还有她身体其他部位的肌肉，每一块都正确和谐，令人不由联想起被包裹的骨骼，一定也是同样好看。就连她的灵魂也因为健康的身体而散发着轻盈的微光——天然自在，与苦难毫无关联却不自知——天生的幸运儿。

所幸晓原还是听从了白的建议，换掉了原先不合适的旧跑鞋，但并不是因为他反复向她强调那双跑鞋的坏处，而是因为她在跑完第一趟二十公里以后，不出意外地发生了脚趾甲脱落的情况。

他俩一前一后在路上骑自行车，前半段路空空荡荡，偶尔在黑暗中出现一两个背着号码包的人。白表现出春游般的雀跃，观察他们跑鞋的型号，号码牌的分区，试图以同行者的身份吸引他们的注意。晓原不得不奋力蹬车，始终和他保持着两三米的距离，这样飞快地沿着河堤前进，两个人都气喘吁吁。

他们在距离集合点三四个路口的地方找到一个自行车棚停车。此时漆黑的天空终于透出一抹蛋青色，但是细小的雨完全没有要停下来的意思，潮湿的地面反射着天光，像另外一条河。晓原和白随着人流继续往外滩步行，按照图示找到了寄存车。把号码包交给志愿者以后，晓原留下了防雨外套，白却只穿了短裤和速干衣。为了保持身体的温度，他喝完了保温瓶里的咖啡。

从寄存车到集合点的路上聚拢了更多人，仿佛不得不用力推开众人，才能继续向前。晓原跟在白的身后，看到他跑鞋上的反光片在柏油路面化出小小一团浅黄色的光晕。她这才意识到自己非常紧张，暂时无法感知到冷或者疲惫。但同时有一种置身庞大事件的幸福。幸福感一直持续到发令枪响，他们被人群推搡着跑出五百米后跃过了起跑线。

为什么开始跑步？

因为从小就是田径队主力，而且这样跑下去总会有正确答案。你呢?

为了解千愁?晓原撇撇嘴。

但其实并非如此。晓原从未从跑步中获得任何快乐或者自由。不仅如此，每次出门跑步前都是沮丧的，像是一场惩罚的开始。夏天必须等待地面温度的消退。不管是体育场也好，公园也好，相同重复的路线令人难以忍受。身体更加承受着相当的痛苦。跑完以后的拉伸和散步稍微好些，尤其是在夜晚路灯尚未亮起的公园，渐渐模糊的景色里传来花香，四季不同，此刻她想念冷冽空气里的腊梅，代表着一种决意。但这也不是快乐，甚至不是满足感，最多是一些久违的轻松。所以跑步不过是日复一日极其单调的练习，而她也是在忍受，和忍受其他一切相比并没有什么区别。忍受日常生活的无意义，他人的存在和介入，持久的失望和失落。至于进步——

在很长一段时间里她没有取得任何进步，长久地滞留在三公里处。与肺部和心脏的不适相比，更多的是无聊和枯燥，以及无法形容的孤立无援。

第一个十公里是在快要关门的体育场上。进步并不是想象中的递增和累积，却是毫无征兆地突然降临。跑到七公里处一度想要放弃，但是身体并没有感觉真正的痛苦，厌倦也在可以忍受的范围之内。接着高空中的白色大灯一盏盏熄灭，球场上的人在黑暗中停止了奔跑，坐在场边休息和聊天。那天，她跑了十二公里。

“关于我们的事，必须像破冰船一样地前进！”

晓原的脑海中冒出这样一个念头，但是照语气看来却像是白说出来的话。这时候她已经跑过了十公里，进入漫长的西藏路。之前他们以每小时六分半的速度匀速前进，然后早早地在两公里处分开。白觉得自己状态不错，或许可以挑战一下四小时的分数线。晓原则始终跟着五小时的配速员方阵。雨停了，太阳的温度也正好。紧张感和幸福感同时消散。呼吸稳定，心率保持在合格线左右，每块肌肉都感觉轻松。现在剩下的只有恒久的孤立无援，以及耐心等待三十公里以后，不可能错过的痛苦。

晓原的完赛成绩是五小时二十分，白是四小时五分。他们在寄存车旁边的草坪会合，然后穿过休息区，一同去领完赛奖牌。尽管没有跑进四小时，白却显得很开心，说了很多话——“但是没有看到飞艇啊。以前比赛的话，赞助商会在空中放飞艇。”——因为成绩不错（如果不是膝盖在最后五公里处再次发生状况，跑进四小时完全没有问题），他流露出难得的轻松和傲慢，津津有味地回忆起五年前的比赛，说现在发的擦汗巾也不好，更不用提那块保暖用的一次性塑料布了，揉皱了以后地上扔得乌泱泱的一片。过去发的可是结实的浴巾。

晓原小口小口地喝水，没有说话。她并没有感觉到真正的愉快，在关门时间前跑完是意料之中，原本以为可以跑进五小时，结果最后十公里的折返确实是人间地狱，所以也没有跑出什么值得一提的成绩。此刻腰部以下的肌肉僵硬，肩膀和手腕都很痛，强烈的切实的存在感。接下来，可能有很长一段时间都不会再想跑步了。

他们都没有力气再骑车回家，便把车留在原处，又花了很长时间才等来出租车。白说晚上应该大吃一顿庆祝，晓原一时想不出反驳的理由，于是打算先去白的家里睡一觉。

晓原和白各自住的小区被一小段河隔开，是苏州河最窄的一段。白泡茶的时候，晓原坐在他的书桌边。为了给书桌区域腾出更多空间，白把整个床抵住了废置不用的衣柜，仅有的几件衣服摆在床头，按照颜色和材质排列折叠。书桌上铺着深蓝色的桌布，除了电脑之外，只有两三本川端康成的小说，一本日语字典，和一个镇纸小木块。木块是一块被重新打磨过的废料（做家具剩下的），刚刚认识晓原的时候，白在一间日用品商店里发现的，他买了两块，坚持送给晓原一块。那块去哪里了——晓原抚摸着小木块，它裹上了比记忆中更深的颜色，散发着暗淡的光泽。

而正对着书桌的窗外，三十三层，是一片干燥的蓝。

刚刚搬来后不久，白约晓原过来看落日。他扔掉了房东置办的窗帘，从这个高度看出去，确实整片天空一览无遗，飞机留下白色的痕迹，其余的部分晕染着粉色和紫色。但是自此以后，晓原其实再也没有来过这里。

持久的消耗，他们想等茶壶里的水烧开，却很快便倒在床上睡着了。

晓原醒来，白还睡着。她感觉自己睡了两三个小时，其实天已经黑了，对岸的楼房亮着灯。她不想吵醒身边的人，小心挪动身体，但肌肉像是失去了和身体的连接，失控地轻轻震颤。疲惫没有消失，反而如同掀起了波浪。白还是惊醒过来。

“我梦到你啦，”白几乎是兴高采烈地说，“回到了去年的春天。别担心，是个高兴的梦。”

“哦。”

“那时候也很冷呢。你坐在书店里，我和邱走出店外，沿着树影稀疏的山坡，一直走向山坡上体育馆所在的高处。邱仿佛少年，我也是，步履轻快，没有带什么多余的东西。不知不觉中，寒意退去，我们走上了平坦开阔的坡顶。阳光照在身上，感觉也是郑重的，梦里的空气很清爽，吸进身体里转为一种不含杂质的力量。我们像是放暑假的哥俩，一直走到网球馆外面，那里排着一组组单杠。少年的心情清晰地涌上心头，我脱下外套，跳上单杠，感觉身体里充满了力量。我试着做了一组以前训练时喜欢的一周翻转，当然也顺利地完成了。邱大笑着让我再做一次，还用手机拍下我支着单杠的照片。”

“像真的一样。”

“在单杠上翻转的那一刻，感觉人生也重新翻到了正面。虽然行为仍然笨拙，却感觉这里大概可以作为我重新开始的基点。即便在梦里，也可以感觉到世界的善意，直到现在都没有消退。”

“怪我吧。是我削弱了那些善意啊，我想。”

“别这么说。人生嘛，无非是沿着日常的河边，想跑的时候跑一下，不然就缓步慢行。”

“我不喜欢河，也不想沿着河走。”

“我明白。我来说一个比喻吧。我邀请你进入了我的精神世界，哇，第一眼风景不错好辽阔，远方有什么东西闪闪发光，你想，不然就走过去看看吧。出发以后却发现，路不好走，渐渐地景色也单调起来，还冒出一个个讨厌的怪要打。甚至经过沼泽，许多黑暗的，肮脏的东西。这个时候当然想要快跑，而且想要切断和这个世界全部的关系——不要让这些坏东西跑进我的世界里来——你心里是这样想的吧。听我接着往下说，为什么我始终忍受着不分手呢，和这样一个你，真的完全是在忍受。爱你是肯定的，但愿那是超越男女之爱的感情。但是比起感情来，更担心你对我的判断都是正确的，可是正确又是什么呢？我说不上来，你大概也不行。”

“别再说比喻了。真的非常讨厌你说比喻。”

“那就不说好了，我还是告诉你一件有意思的事吧！既然刚刚梦见了邱。”

“唉。那个势利的家伙。”

“我们在中学时代也经历过漫长的较劲，近乎冲突，两个完全不同的人却意外生成了友谊。那种友谊自然也是脱离现实层面的短暂存在。大学四年因为地理上的分离我们完全没有联系，毕业后却都选择回到了故乡。他进入一间事务所上班，我也在父母的安排下开始工作。那是一个很小的城市，我们住的小区被一个公园隔开，步行也不过二十分钟。”

“就是大湖旁边的那个小区吗？你妈妈还在楼下的菜地里种莴苣吗？”

“菜地荒废很久啦，但是那个公园我们也一起去过呢。后来我和邱也是约在那里见面。我们都从家里出来，不约而同地穿着中学时的运动夹克，不知为什么，彼此都觉得不太好意思。但我们还是在公园的长椅上说了很多话，之后他陪我回到我家，在小区里走了一圈又一圈，直到天黑。”

“我记得那个公园唉，那里有个小山坡，爬上去可以看到半面湖。”

“对。我们在那里遇见过一群捡槐花的老人。”

“我们也捡了一口袋槐花吗？真是很久以前的事情了。”

“我说的事情是更久以前。十年？我刚刚往大世界迈出小小一步，也得到了物质的回报，却感觉非常羞愧，无端生出背叛感，无法再和朋友们见面。回想起来，大概当时的邱也有着和我相同的感受。所以我们决定辞职，根据自己对世界的理解重新学习。各自制定了学习和锻炼的计划。我们当时住在邱的家里。早晨九点开始读书，中午自己做饭，几乎每天都吃西红柿鸡蛋挂面。下午继续读书，四点左右去大湖边跑步。等到天气转暖了，我们也在那里游泳。”

“我们当时看到很多老头游泳。爬到山坡顶上，湖里有各种颜色的泳帽。”

“当然了。但是你不知道他们游过了整个冬天。”

“你们读什么书？我是说你，你读了什么书？”

“认认真真地细读了《史记》，拿着各种注释本对照着读《诗经》。日语也是在那段时间重新拾了起来，看了不少村上春树的原文小说。当时不管是我也好，邱也好，都仿佛拥有着近乎悔恨的勇气，想要穿过不可见的命运之壁。如果坚持下来讲不定现在会变得不一样？——你知道，没有什么比日复一日的雷同更好。”

“为什么要设想一种不一样呢？不然又会变成什么？”

“游泳健将？哈哈哈。后来邱得到一个在北京的创业机会，我们的计划在八个月之后提前结束。但是最精彩的部分我还没有说，既然是毕业，总要有一次毕业旅行。现在也想不起来是谁先提议的，总之说出这个愿望的时候我们都觉得没有比这更好的毕业旅行了——横渡大湖！”

“太厉害了！游泳吗？”

“嗯！横渡大湖的计划是这样的：早晨五点出发，六点到达镇子旁边的小山，在湖边给橡皮艇充气，装备补给。七点准时下水，经过两座小岛，然后从对面的山坡上岸。从下水处到第一座小岛大约只有几百米的距离，到小岛做准备活动，测试船的情况，之后邱下水游泳，我划船，到第二座的时候应该已经过了中午，修整一段时间。然后换成我游，他划船。通过两人接力的方式横渡太湖。船是从网上买的，一艘浅绿色的小船，还附赠了遮阳篷，铝桨和脚压式的充气泵。”

"整件事情听起来像一个无法完成的小说。让我想想，应该是谁写的那种。"

"我们确实遭遇了完全超出预知的惨败。巨大的风浪，从岸上却根本无法判断。也有可能这点风浪对于太湖来说根本没什么了不起的，却对我们造成了灭顶之灾。一个小时以后，我们狼狈地爬上了渔民的船，几乎是被救回来的。而且距离岸边只有不到五百米的距离。我始终在橡皮船上，根本还没有下水的机会。"

哈哈哈哈！晓原和白都放声大笑起来，又被肌肉的疼痛牵扯着直喘气。

"饿了吗？"

"很饿很饿。饿坏了。"

"想吃什么？"

"浇了花生酱和蒜汁的麻辣烫，加双份午餐肉，撒上白白的葱花。"

"我想喝冰得刚刚好的新鲜生啤。"

这么说着，晓原舔了舔嘴唇，像是要舔去冰凉的泡沫。但其实在黑暗中，谁都没有挪动身体。天空一动不动，窗外也没有任何声音。河流，轻轨，街道都离得那么远，人间的事情自然也远得不可思议。

“喂喂喂。不会是睡着了吧？”

“没有睡着，我在回想大湖。我们住在那里的时候很冷，你坚持要把所有的窗户都打开。湖水是浑浊的，很大的浪。再和我说说大湖吧。”

“春天不是大湖最美的时候，但是春天有雾，从遥远的山笼罩过来。夏天就不同了，夏天的湖是浅浅的橄榄绿，有时候又在光线里变成墨绿或者琥珀。周围有一些无人光顾的林子，那是无法想象的闪闪发光。我永远记得那一天。葱郁茂盛的清晨，空气青翠。天还没有亮，我和邱就推开了门，一起抬着橡皮艇，往借来的桑塔纳的后座里塞。世界啊，仿佛从这里开始。”

“真美啊。”

“真美啊。”

“可是你告诉我，大湖的对面到底是什么，你们又怎么能确切知道呢？”

“我们不知道啊。天气好的时候能看到第二座小岛，但是绕过去以后是什么，我和邱虽然常常谈起，也并没有认真去想。因为总有一天会亲眼看到的吧，我们的内心完全是抱着这样的想法。可是，即便就什么都没有，也不是什么了不起的事情啊。你说呢？”

二〇一六年四月

去崇明岛上看一看

李盼比约定的时间提前十分钟到达武康大楼，门卫在半敞的小屋里看电视，警惕地探出身体问她要去哪里，得到确切的房间号之后才继续放行。大楼很旧，客用电梯保留着上世纪中期的半圆指针楼层指示。著名的邬达克设计，不知道还剩下多少老住户。

她按照文清的指示，站在房间门口给她的助理打电话——“到时候我们的手机都会是震动状态，所以你可能需要在门口等一会儿。”——不过一个年轻女孩很快就来给她开了门。女孩的头发剪得很短，戴着口罩，于是完全没有开口讲话便也显得理所当然。原本是门廊或者厨房的地方堆满了摄影设备，包和衣服。桌子上叠放着还没有拆开的饭盒和贴着标签的首饰。经纪人，杂志社的工作人员，各种助理无声地忙碌着，占据了所有的空间。而再往里面，李盼暂时无法插足的前厅，被一小堵人墙隔开，能看到闪光灯的一闪一灭，伴随着充电的滴滴声，反光板再把光线以或柔和或粗暴的方式投射回空间内部。里面放着摇摆的音乐，传来轻柔的说话声，给人一种强烈的错觉，那里或许有一个梦境。

李盼现在标价不菲，她的人物采访稿费是一块钱一个字，但她自两年前便不再接稿。第一次正式对某位编辑说出这个决定时她重重松了口气，“不好意思，我现在不再写采访了”，之后也始终遵循。她解释说她对明星或者他人没有多大兴趣，而采访大多是不平等的，她并不擅长在短时间内激发共鸣。但是她做得不错，是因为她很早便发现，好坏的标准并不基于情感的交流，反而应该抛弃这种愿望，坚信交流的无用性。

当然，她知道文清不会认同她。文清和一些巨星成为朋友，有着日常的交往。或许和她如今的业内地位有关，但也因为她与生俱来的天真，这种天真在多年前显得鲁莽和愚蠢，随着时间推移却变成一种珍贵的品质。起初李盼惊讶于她的采访方式，她在某些时候表现得像骨肉皮，另外一些时候则毫无敬意。她对人和事件的评价标准混乱，任性，片面，并且毫不介意把自己的想象投射到采访对象身上。但是李盼喜欢和她一起工作。尤其是这几年，当李盼不再对任何形式的交流抱有希望以后，愈发喜欢文清对于一切事物理直气壮地介入。从根本上来说，她其实从未在意过任何采访对象，因此她也能很快遗忘自己的热烈或者厌烦。而李盼的理智和冷静却完全出自她的反面。她们一起工作时，文清随心所欲地在压抑的气场里开辟出一小片林间空地，使得李盼可以自由地观看或者呼吸。

不过只有李盼自己知道，她从未有过兴致勃勃的念头。刚入行时她以为这是所有新手都会有的紧张和困惑，她还有漫长的时间可以修正。如今她清晰地认识到，她可能只是对万物怀有不可更改的厌倦。但是当文清说起灵的采访时，她还是答应了下来。文清补充说："你看过卡波特写的马龙·白兰度吗？你可以像他那样写。"

并不是因为卡波特，而是因为灵本身。李盼之前就知道灵，早在灵因为和A恋爱而声名大噪之前。当时灵刚刚到巴黎念书，遇见摄影师杨，杨自九十年代出道，拍摄过年轻时的张曼玉。李盼偶尔在杂志上翻到杨在卢森堡公园里拍下的一组照片。灵和各种雕塑以不同的方式排列在一起，她穿着浅蓝色的衬衫和牛仔裤，骨骼舒展轻盈——怎么会有那么好看的年轻人！周边的万物也和她一起洗去了颜色，如雕像般肃穆。她像一种森林晨雾中的巨型动物，未被命名，存活于想象之外。

接下来李盼关注了灵的所有社交媒体。她读太宰治（意料之中），谈论宇宙，圆，永恒（或许是一种假象，毕竟她的谈论都停留在词语层面），常去美术馆，最喜欢雕塑（但并不是说她对艺术就有什么特别的见解）。当时她未满二十岁，是模特界的新星，法国人尤其喜欢她，在机场能看到她的大幅广告。和同时代的模特不同，她没有一目了然的特征，相反却有模糊一切边界的气质，仿佛以缺席的方式存在。

灵曾经有一段持久稳定的感情关系，那位如今已经成为过去式的男友是学校的高年级工科生，他的过分普通反倒令旁观者对年轻的灵产生了认同和赞许。即便是在成名以后，灵对这段关系也从未有过丝毫遮掩，他们共同出现在一些合影中，他的穿着和神情都流露出少年老成的郑重其事。当 A 出现以后，李盼才明白之前那段关系的不对等在于，这位男友的存在过分确凿和清晰，甚至界定了灵的意义和可能性。以至于灵与他分手，并删除相册中所有与他有关的照片时，他消失的姿态也具有物理性的不容置疑，没有人为此惋惜。

相比之下，A 则是世界末日的男朋友。他没有来龙去脉，没有性格。如同闪电，或者突然的馈赠。他拍了两部电影，在一部派拉蒙的太空电影中作为唯一的亚洲面孔出现，演一个人工智能的机器男孩，完美无缺的脸和身体，半途在丛林中穿着毛衣死去，响起大卫·鲍伊的《太空怪人》，令人落泪。这种老派的方式值得赞赏，尽管李盼也不得不承认，吸引她的往往是一些更邋遢或者更粗鲁的人格，哪怕事实反复证明她和他们中的任何一个都不般配。而 A 唤起的，是一种曾经令人厌倦的对称，饱满和整洁，对于这个时代来说已经结束的或者尚未开始的东西。

灵和 A 的恋情曝光引起小范围爆炸，意外使得两个人的商业价值都得以提升。即便是再疯狂狭隘的粉丝也毫不吝啬地给予两个人美好的祝福，甚至维护。仿佛他们代表的是多么清澈的不可描述的物质，任谁都不忍心破坏。

采访被安排在拍摄之后，但是李盼照惯例提前到达，旁观他们的工作状态。最后一场，工作人员转移到了卧室，文清终于露面，带着李盼穿过前厅，到阳台上抽烟休息。文清告诉她这间屋子的屋主回国去过圣诞了，临时租借给拍摄使用。她们感慨了一番房子的美，又谈论了一会儿工作，便沉默地透过窗户看着卧室。灵和A坐在床边，两个人都穿着运动衫，短发，他们几乎忘记了杨的镜头，兴致勃勃地说着什么有趣的事情，像两个男孩，身体却无法分开。旁观的工作人员没有交谈，却都忍不住举起手机记录，非常肃穆，令人动容。后来杨在挑选照片的时候说，人在年轻的时候都经历过这样的感情，李盼并不认同，她认为这是一种极端的好运。

晚上九点半，李盼在旁边的酒吧里等来刚刚结束拍摄的灵和A。外面刮着黑暗深沉的风，他们的出现带有莹莹微光，却保持在恰好的振幅里。在未开口之前，他们甚至没有沾染到三维世界的质感。李盼再次感觉到那种肃穆，她意识到自己在注视他们的时候，情感受到剧烈的震荡，不由认真地思考着究竟要失去什么才能得到他或者她，这种平静的欲望让气氛变得认真。她不得不做些什么，才能使得接下来的交流成为可能。

于是她先讲了一小段故事，当她看到他们的时候便想起一位同性恋朋友写的回忆，说夏天去喜欢的男孩家里过夜，在老式弄堂里。他坐在马桶上大便的时候，男孩进来洗澡，他们隔着帘子聊天。他觉得很不好意思，也没有办法真的大便，就只是坐在马桶上听他讲话。后来他们都洗完澡，他便穿上男孩的T恤和短裤，去外面逛逛，勾肩搭背地走在夏天的夜晚。真美啊。像两个男孩一样谈恋爱。

这是一个符合气氛的故事，书面表述的时候透露着哀伤，但口诉时只要稍稍转换几个词语的语调又变得轻松起来，甚至像是赞美。她或许有些讨好灵，认为灵会对这样的情绪感兴趣，而其实她也并不清楚自己想要暗示的是什么，显然他们都有些茫然，却出于礼貌对上海的老式弄堂表示出兴趣。于是李盼接下来顺理成章地说起旁边的武康大厦，又问他们是如何认识的。

"第一次见面是在伦敦，一次活动之后的派对上。是我先看到她的，立刻和朋友打听她是谁，这个女孩太美了！第二次见面是我们走同一个秀，排队的时候她在我后面，我就转身问她是不是中国人。但是也没有再讲话，她可能不认识我。走的时候在门口遇见，隔着一条马路我朝她招手她应该是看见了。”

“哦我当然认识他！在去派对之前得知A也会出现，我的好几个朋友都疯了，他是她们所有人心目中的男朋友。第二次见面他问我要了电话号码。但我们没有打电话，也没有见面，只是互相发了一个月的短信。”

说完这些以后肃穆已经被完全打破，几乎是毁坏性的。采访总是极端残忍，因为它势必在一种惯例中进行，目的是把眼前的对象拉回人们熟悉的日常维度，读者更愿意阅读情理之中的叛逆，点缀一些温情和一些沉重，哦，如果那些复读式的玩意也能被称为沉重的话，人们可能需要大量的沉重。

于是接下来他们聊了聊异地恋，未来打算，社交网络，家庭干涉（看起来灵的父母对这段关系并不满意），乐队，更新的日本动画剧集，青春的烦恼。A出去抽了两趟烟，这几乎是一天里他们唯一分开的时刻。他们都没有喝酒，而是像真正的年轻人那样，大口吃了很多东西。李盼很清楚应该强调哪些细节，在哪里截断，在哪里铺垫，她甚至详细记录了他们吃的食物。她喜欢用名词做适当的罗列，然而那些被破坏之前的东西，那些被具象以后依然顽固存在的抽象物质，是无法沟通和记录的。

采访结束以后，灵说朋友们正在火锅店等他们，麻辣锅底，新鲜鸭血，刚刚炸好的酥肉。工作完成以后和朋友们一起吃火锅，确实，此刻谁都想不出什么比这更值得期待的事了。

对于李盼来说这将是一篇失望的文章，和她之前其他的文章一样，提供了一些旁人不知道的细节，补充了他们边界之内的想象。而那些重要的部分呢，比如被他们所定义的美或者年轻本身。因为这些模糊到无法书写的部分，她回到家里也无法立刻休息，感觉到了震慑和久违的迷惘。

中间还有一个插曲。李盼在回家路上接到一位老朋友的电话。老朋友非常礼貌地问候了她，说起他们过去常常光顾的居酒屋，他竟然回到了上海。他们曾经是经常往来的朋友，几乎每个月都有两三次喝到凌晨，携手走在四季分明的马路上。那是十年前，却感觉时间过去了很久，像是足足有二十年，或者更多。当时老朋友去中部的山里，往返几次，便再也没有音讯。中间曾经给她手写过一次信件，说起他在山里的生活和他的师傅，没有强调安静或者自由，至少没有在信里提及。随信附上的是他写的诗或者像诗一样的片段，疯狂累叠，所以他给她留下的最后印象是语无伦次和痴癫。之后她也从文清那里得知，这位老朋友在山里被大麻搞坏了脑子。

老朋友的声音再次出现在电话里变得非常陌生，他向她抱怨说那间居酒屋的老板不再进麒麟的生啤了，而他非常不喜欢朝日。他们过去喝的都是麒麟生啤吗？光顾过那么多次，她从来没有注意过这件小事。然后老朋友试探地问她要不要干脆现在一起喝一杯呢？他的语气里有种奇怪的言下之意，让气氛发生了微妙的变化。然后他在停顿间留下一串尴尬的“哈哈哈”，之后便是长久的无法弥补的沉默。可能是因为他说话的方式，也可能因为李盼本身不喜欢叙旧，她几乎感觉到了冒犯。

挂了电话以后，她却想起来，她曾经对他怀有深重的感情，她和当时的男友，文清，以及这位老朋友一起，度过了很多年轻且美好的时光。然后她又想起一个冬天，上海突然降温，他们三人结伴去老朋友家里找他，他住在打浦桥附近，他们敲开他的门，把他从床上叫起来，他在房间里没有找到秋裤，便套了两条牛仔裤。随后他们出门走一段路，去杂志社楼下吃盒饭。所有的人都很瘦，吃得很多，睡得很少。

他们在同一间杂志社上班，分属不同的部门，当时杂志刚刚创刊，每月有100页的特刊。他们想做一篇关于崇明岛的文章，为什么突然对崇明岛感兴趣，领导又怎么会同意，现在都想不起来了。但是结果没有人真的去了崇明岛，那一个星期他们照旧在傍晚醒来，兴致勃勃地去上班，然后分头杜撰，拼凑出一篇几乎没有根据的文章，一万字。他们说到了短暂停留的候鸟，尚未造好的跨海大桥，夜间的银河，荒废的公园，既浪漫又深情。

回到家里李盼试图工作了一会儿，但是面对打开的文档，不明所以的困惑变得更加强烈，她不得不给文清打了一个电话。

“你后来去过崇明岛吗？”

“崇明岛，去崇明岛做什么？”

“没有什么，就是想起来我们很早以前写过一篇崇明岛的文章。”

“想起那些干吗。我后来也没有去过崇明岛。”

然后李盼和文清聊起了那位老朋友。

“他也给你打电话了吗？”

“没有啊，但是他两年前就回来了，他没有找过你吗？”

“没有。你怎么不告诉我？”

“他卖茶叶发了一笔财，然后又来问我借钱买一辆可笑的跑车。”

“哦。这样啊。”

“我的意思不是说那辆车可笑，但是你能想象他坐在那辆车里吗？他大概是我认识的人里面中年危机最严重的了，年轻女孩都觉得他是个失败者。”

“可能只有我们才会觉得他是失败者，年轻女孩知道什么叫失败吗？”

“现在的年轻女孩可能知道。我想。”

第二天，灵和A都离开了上海。他们先去了希腊，在海边为另外一本杂志拍摄封面，灵在社交媒体上发了一张A的照片，他的身后是一个足球场，灵写了一句话——“少字当头”——后来被李盼用作了文章的标题。之后他们经历了短暂的分离，灵在伦敦时装周走完21场秀，是那年香奈尔秀场上唯一的亚洲模特。A回到哈尔滨，完成了一部电影的收尾工作，导演是李盼的一位同龄朋友，私底下她认为他是国内最好的导演，多年来他始终想把波拉尼奥的《荒野侦探》搬上银幕，但可能也只是说说。不过他这次确实写出了很好的剧本，A演一个重要的配角，男主角是陆。后来陆因为这部电影在欧洲得了重要的奖，但这是后来的事情了。

李盼写完采访稿件以后发现，她在文章中不知不觉使用了太多“年轻人”，几乎以强调的语气，终于在自己和年轻之间划出一道线。

两年以后，文清的杂志因为运营状况不良宣布闭刊。在此之前，媒体集团老板在酒店套房爆出性丑闻。从流出来的照片里看，他穿着睡衣，坐在沙发上，在李盼看来并没有不安或者猥琐，却有种迷惘混合着吃惊的神情，甚至是天真的，给人留下了一些额外的印象。朋友们纷纷感慨一个时代的结束，但其实这中间大部分人在此之前便已经退出，或消失远离，或投入便捷的新兴行业。联络人变成了一些年轻的新面孔，既礼貌又傲慢。他们多半野心勃勃，却陈词滥调，认为自己错过了新鲜散漫的世纪初，生长于一个坏的时代，便理所当然对一切心怀不满。

李盼和文清约在很久没有光顾过的居酒屋见面，十年过去了，这间居酒屋没有倒闭，没有搬迁，没有扩建，把时间变成了一截固体。热情朗朗的小刘也还在，为她们保留了靠近料理台的位置，她们喜欢隔着玻璃看里面的师傅操作食物，身边摆放着堆叠起来的生啤罐。李盼看了看酒单问老板为什么不再进麒麟的啤酒，老板说早就换回来了，不过没有换菜单而已，这就是麒麟的啤酒。不管怎么说，她们喝完了手边的啤酒，换成了威士忌兑苏打水。生意不好，不到晚上九点，只剩下寥寥的两桌客人。食物嘛，没有变得不好吃，但是除了临近冬天的季节菜单，也没有再新添什么。

“不知道你听说没有，灵和A分手了。”

“没有啊，什么时候的事情？”

“可能是半年前。他们没有对外宣布过，但是社交媒体上总会留下些痕迹。同事去巴黎出差的时候和灵见了面，也得到了比较确定的回答。”

“你还记得当时我们采访完，花了很长时间讨论他们的未来。因为两个人实在都太年轻的缘故，所以在一起，或者分开，都感觉不对或者无法想象。现在一旦有了结果，不论是哪一种结果又都仿佛非常正确。像是松了一口气，连带着世界的秩序也恢复了稳定。”

“上个星期灵发了一封邮件给我，说她和经纪公司的续约已经到期，未来两年的个人计划以学业为主，不再续约。怎么说呢，也不仅仅是年轻，而是这两个人的身上仿佛都分别承担着完整的未来。”

“你的未来有什么打算？”

“杂志倒闭以后会有一笔补偿金，所以暂时也不打算干吗。你还记得吗，三年前我们杂志拍了一个贺岁视频，花了很长时间排练，最后拉了一个七分钟的长镜头，所有人都出现在里面。刚刚创刊那会儿当然最自由自在，我们又都年轻到不可思议，生活和工作都在一起，建立着小小的精神部落。但其实三年前对我来说才是最好的，确知了自我，拥有了经验，还有足够的空间去伸展，没有边界，自信满满。像是终于收拾好行囊的人，走了长长的路，正要去征服一面了不起的山，空气清冽，眼前即将铺展的也肯定是一片好得不得了的风景。”

“是啊，谁能想到呢，等来的竟然是末日风景！”

“哈哈哈，是啊，谁能想到，成为了见证衰落的一群人。那个长镜头，在镜头里面的每个人都以为序幕已经被拉开，我们很快就要站到高处，妈呀，真是高烧一样的幻觉，现在想起来我都要哭了。”

“唉。”

“我前几天处理办公室里十几年前的杂志，翻出来崇明岛的那期。”

“崇明岛那期我也留着。据说顶楼的马戏团要解散了，刚刚想起来他们唱过崇明岛啊。”

“我能背得出歌词——‘所以朋友侬覅怕，就算有一天阿拉真的一无所有，阿拉还可以去崇明。侬看我就一点也不怕，就算我真的一无所有，我还可以去崇明’——但是他们为什么要解散，真是坏消息不断。”文清说着从包里掏出一本新的杂志，将是历史上的最后一期。

十五年前创刊时的刊首语被重新印出来，虽然写在本世纪初，如今看来却仿佛是上世纪的遗言。出刊之前这段刊首语便已经在网络上被反复转载，然而过度歌颂天真的意义多少令人感觉是哪里出了差错。封面是电影演员陆，他担任主演的电影刚刚在欧洲重要的电影节上得了最佳电影和最佳男主角（便是前面提到的那部A回到哈尔滨参与完成的电影）。在此之前很长一段时间，陆没有拍过电影，却参与了好几部话剧的演出。事后大家才纷纷称赞起导演的选择，因为导演把A放在了配角的位置，却再次挖出了陆。一个逆流而审慎的决定。

李盼曾经和那位老朋友一起看过陆出演的话剧，在陆的第一段独白之后便猝不及防地流了泪。李盼后来在采访过程中将自己的这段感受告诉陆，他显得有些高兴，但并未多做回答。

但不管怎么说，李盼喜欢这部电影。它不那么好笑，不那么荒诞，也不那么悲伤。很美，却又不娴熟。每处都欠缺一些，却就是如此，尴尬到了迷人的地步。她错过了电影院的上映时间，非常后悔，之后看完碟片，她坐了很久，感觉人生更漫长，也更无聊。可能是因为这个原因，李盼再次打破了自己的原则，接下了陆的采访。这是一个两天两夜的跟踪采访，是陆获奖以后接受的唯一一个专访。

当时陆刚刚从电影节回来，中途和朋友在欧洲待了一段时间，但是获奖的消息已经在国内轰动，他不得不提前结束假期。公司安排他住在半岛酒店，李盼的房间和他在同一个楼层，第二天就要在这里为他召开庆功宴。陆的状态不算好，他在相对平静的间隙中停留太久，有种面对成功的木讷和疑虑，在头一天轮番的群访初期，表现得像被突然推到聚光灯底下的新手，既慌张又傲慢。但他确实是一个非常好的演员，一旦他意识到此刻他需要扮演的是一个得奖归来的角色，便开始把成功当作素材去处理，周围的人群对他来说也就变成了镜头般的存在，是现实与虚构的互相映照和反射。李盼作为旁观者惊讶地目睹了这种变化。陆先是模拟出恰到好处的倦怠情绪，仿佛记者们重复的提问都令他感觉困惑，同时他又表现出极其具有疏离感的礼貌，仿佛他对当下的世界兴致全无，却只是出于尊重而忍受着。随着时间的流逝他的表演越来越熟练，用肢体的细节和语言的停顿，在适度的天真和适度的警觉间切换，记者们被他的情绪牵扯，成为了坐下舞台下猝然流泪的人群。不得不说，陆非常善于在他人内心唤起某种极端脆弱的感情。他甚至在他人提问的间歇，扭过头来询问李盼的意见，不仅将她纳入为表演的一部分，还用这种方式与李盼之间建立起微妙的信任，仿佛知道这正是李盼需要的。

第二天白天，陆都在房间里没有露面，直到傍晚时分他来找李盼，一起去江边散步。陆穿着一件旧的夹克，和路上常见的普通男人没有区别，介于青年和中年之间，但他流露出的平凡却仿佛是一种经过努力之后才获得的东西。当李盼问起他入行时的青春记忆时，他回忆起非典期间一场平淡无奇的饭局。他刚刚从戏剧学院毕业，生活和事业都丝毫没有起色，和两个日后也变得非常有名的导演在路边小摊喝啤酒。当时北京仿佛戒严般空空荡荡，笼罩在疾病的阴影之下，年轻人却因为可以理直气壮地无所事事，度过了一段事后想来空白清澈的时光。他竭力回忆他们之间的交谈，用书面语的方式复述给李盼，尽管是在讲着自己的事情，却像是清楚地理解李盼内心。而江边的风很冷，他们挨得紧紧地走路，走到码头尽头的荒凉处再折返。李盼始终捏着口袋里的录音笔，却自始至终都没有想按下录制键的愿望，仿佛录音笔的红灯对于此刻两个人之间虚构的小小宇宙来说也过分耀眼，她希望如此易碎的时光能够延续更久。

他们匆匆赶在庆功宴之前回到酒店房间时，工作人员都在等待，一旦陆出现，所有人都像小行星一般起身围绕着他旋转起来。陆把李盼留在身边成为了某种意义上的见证者。他在化妆，换衣服，吹风机持久的嗡嗡声带来奇异的平静。而此刻的房间外面，所有记者，他的同事，年轻时候的朋友，影迷，家人，全部都在等待。正如所有浩大节日的开场之前，弥漫着惆怅和紧张的气氛。陆不断系着领带，又松开，然后转头问李盼："这条领带会不会太嚣张？"

李盼的文章便以这句话作为开始，然后她详细地描写了接下来的宴会，每个人的情绪，交谈和欢呼。陆被不断带到不同的桌子上，所有人都如同身处一场巨型的梦。李盼将这场盛宴与世纪初路边小摊上的交谈交织写在一起，形成一个深邃曲折的时间洞穴，其中容纳了九十年代的记忆，北京的变化，模糊的片段的情感经验。直到最后，陆坐回到李盼的身边，取下领带放在口袋里，在渐渐已经与他失去关联的喧闹声中，直接倒头睡了过去。

文章至此结束，没有任何议论，旁白或者多余的场景描写。李盼至此才意识到，从傍晚江边的散步开始，便是一场漫长的铺垫，所有的欢呼，灯光以及失真的气氛，都是为了最后，陆睡倒在执笔者身边，成为了永恒缺席的主角。而任由李盼再如何努力，也无法回忆起在所有表演开始之前，陆是否曾经有过真实的面貌，而这也是她第一次质疑起真实对于人生的意义。

文清没有立刻刊发这篇文章，电影获奖的风头很快就过去，人们开始谈论其他事情，她却似乎在等待着什么最好的时间，仿佛她早有预感，绝对性的告别将在不久之后到来。

“这是你写得最好的一篇文章。你以后大概也无法再写出这样的东西。由于过分喜欢，几乎到了舍不得和你谈论的地步。你像是在用最精确的句子描写最模糊的事物，还有一种非常难得的隔绝情绪。他是一个太好的演员。他唤醒的不是大面积的抒情，而是流动在细微缝隙间的物质。即便作为读者，最终也希望他能成为自己的映射。而他不过是在为离场做着宏大的准备。”

“呵。我应该是差点爱上他。”

“我早该想到的，这么多年以后，你还是喜欢这样的人。”

“什么样的人。”

“各式各样的造梦人。”

新年到来前，李盼和朋友们去看了顶楼的马戏团的演出。解散的传闻被确定是假的，但其实在之后的一年，他们真的解散了，同时文清杂志所属的大型媒体集团也宣布倒闭。不管怎么说，当时的李盼并不知道，她和朋友们吃了火锅，喝了啤酒，来到新建成的演出中心。与其他很多演出不同，门口等待的人群并不那么年轻。她见到了几个多年未见的朋友，大家也谈不上有多大的变化。她原本以为会在这里见到那位老朋友，其实并没有。

暖场乐队叫“汤姆上校”，新乐队。李盼问身边的朋友有没有听过——“没有听说过唉。是不是大卫·鲍伊在《太空怪人》里呼叫的汤姆上校啊。”这样说着，她在舞台上看见了灵。将近三年的时间，灵自然发生了一些变化，却一时间无法明确描述。可能因为李盼还处于某种震惊中，在她被局限的思维里，灵理所当然和大部分曾经闪光的年轻人一样，分手，事业终结，销声匿迹。

灵在舞台上调整麦克风的位置，与键盘手和吉他手用小小的手势交流，她的从容和冷静几乎让旁观者完全忽略了她的美。而刚开始，李盼甚至还有些担心，她担心音乐响起的瞬间是造梦的终结。

但是，天哪。

第一段音乐响起时，躁动的人群安静下来，听觉带给身体的想象，如同波光粼粼的水面不断震颤出的幻影。接着传来灵的歌声。她的浪漫里夹杂着恰到好处的讥讽和俏皮，却在几个转折后形成一个小宇宙，仿佛带领众人来到林间空地，被树林深处的大风包围。

“太好听了。”身边的朋友隔了很久才说。

“是啊，太好听了，想要喝醉了以后在空旷的地方听她唱歌。”

接下来他们却都没能坚持到顶楼的马戏团演出结束，正式演出持续的时间太久，他们开始感觉疲惫，失去了耐心。慢慢地有人说不如去后台等他们下场，打个招呼，或者再去吃顿烧烤。李盼随着大家往后台走，音乐声被遮蔽以后，贝斯还在震动她的心脏。灵从走廊里迎面走来，她的头发长长了，背着书包，朋友们却都停下来，直直地看着她，无法动弹。李盼思索着什么与美无关的事情，突然意识到，唉，从来没有见过灵在人群中。

后来没有人去吃烧烤，朋友们在路口告别。李盼走在回家路上，想起来今晚没有听到崇明岛的歌。十几年前，当时也在杂志社工作的男友终于决定去英国念书，分开以后，那位老朋友邀请李盼和他一起去崇明岛游泳。他们穿着泳衣，又在泳衣外面穿了牛仔裤和T恤，照着那篇杜撰文章的路线，傍晚出发，坐了很久的公交车，又坐了很久的渡轮，真的到了崇明岛。那班渡轮停错了地方，也可能是他们坐错了渡轮，下来以后是无尽的防洪堤。夜晚，确实看得见银河，也有虫鸣。他们脱掉了牛仔裤和T恤，各自穿着泳衣，背着书包，走过长长的一段路，真开心，真自由。他们希望以后都能这样走。

二〇一六年九月

基本美

致远得知洲的消息时，距离洲的过世已经过去了一段时间。傍晚，致远与单位的年轻人打完一场篮球，接着他们兴致勃勃要去烧烤摊喝一顿，庆祝其中一个人的生日。致远推辞说要工作，像往常一样继续待在办公室里。过去的几年里，他待在夜晚的办公室，要说都在做什么，可能只是制造了一些空白的从属物。这所国营单位陈旧到了肃穆，庞大的家具彼此挤在一起，气喘吁吁，动弹不得。玻璃柜，文件，春联，水房里的锅炉。在白天象征着迟滞的权力，夜晚却唤起稳定和深邃的气氛，持久的疲惫之后绝对的平静。

“以前住的地方有社区游泳池，夏天暴晒，淌过消毒水池子往泳池走，漂白水味道很重，地砖烫到不行，踮脚踩在上面一路跳过去，却可以感觉到宇宙中有些是永恒。”洲曾经有一首歌关于旧社区里的游泳池。

便是这种类似的永恒。

每天，致远在深夜的单位游荡，穿过黝黑的走廊，仿佛漫步于废弃的舱体，听到近似宽慰的衰老心跳。这是被幸免或者幸存下来的宁谧。然而幸免或者幸存，如今这两者边界模糊，也很难确切描述。然后他坐回办公室的隔间，重新打开那条隐匿在信息流中的布告。

据说是洲的家人用他的社交账号发布的，修辞手法严肃过时，没有透露出私人痕迹和他过世的原因，仿佛在与这位家庭成员赌气。配合着洲的头像，一只反戴棒球帽的表情诧异的狮子，有种讥讽和伤感的效果。致远曾经从洲偶尔的描述中推测，他出生于香港一个普通的知识分子家庭。父亲早年是作家，年轻时得过重要的文学奖，但出于愤世嫉俗的性格早早便主动抛弃了写作。中年时做过很多意想不到的事情，家里破产过一次，把家人搞得团团转。现在借款办了一所培训学校，洲的妈妈和姐姐帮着一起料理学校的事情。但父亲虽然暴躁无常，家里却始终有着自由松散的氛围，大家庭一起在乱哄哄的生活中挣扎，也是无限的欢乐。只有洲没有参与家庭的事业，性格也没有得到遗传，相反，从青年时代起便很懂得自律带来的好处。

致远迅速浏览下面的评论，过滤掉大量谩骂。如今的年轻人习惯使用简陋的讥讽和粗糙的重复来发泄情绪。暴戾，野蛮，简直令人恐惧。致远非常肯定他们从没听过洲早期的歌，要不然就是他们根本不曾有过年轻的心。也有更多哀悼和猜测。再链接到其他篇幅不一的回忆，来自于他的朋友，同事，和跟随他多年的歌迷。这样拼凑出笼统的信息。

洲没有死在香港——不是唱过，“死也要死在我美丽的香港吗？”——而是在柏林。虽然是异国他乡，却是一个从字面意义上来说缺乏想象力的地方。结果媒体的报道也千篇一律地乏味和恶意，仿佛在暗示着故意隐藏起来的真相。毒品。抑郁症。桃色新闻。财产和版权纠纷。

不是这样的！致远感觉到心中的哀鸣。即便人们借口说他人的内心世界是幽深到不可被探知的黑暗，致远也清晰地知道，不是这样的！一想到自己曾经是这个行业链条的一部分，即便是一颗从未被拧紧的螺帽，他也感觉自己不能被原谅。连同对无能为力和不遂心愿的维护和辩解都不能被原谅。

2003年，致远来到北京参加单位培训，是他第一次离开中部小城。清晨从长途车站出来，在单位安排的招待所放下东西以后，就按照约定从上地坐了两个小时公交车来到香山附近的摇滚音乐学校，和高中同学见面。秋天，车上挤满去音乐节的年轻人，车窗全部开着，气氛出奇热烈。那天是音乐节的第三天，人群有种狂欢接近尾声的疲惫和伤感。他自己也很累，却没有能够在说好的时间找到同学，看到食堂的师傅在门口卖六块钱一份的盒饭，便买了一份捧在手里往里面走——惊呆了，小小的广场上大概有一万个年轻人。

致远待在人群的外围，但是风很大，把舞台上的声音也吹得东倒西歪，像断断续续的声浪，于是他不自觉地往人群里走。中间被突然疯狂起来的人撞倒了一次，又很快被拉起来。人们都很友善，烟递来递去，递到他这里，他没有抽，又继续递了下去。远远地有人把成箱成箱的啤酒运进来，阵势仿佛在运送洪水时的救灾物资。女孩们都很好看，发着光，怎么会有那么多好看的女孩。世界真好啊——致远几乎已经产生这样的想法，倒不是说以前没有过，然而那种漂浮般的强烈开心确实是头一遭，空气里的荷尔蒙都是致幻剂。

音响的效果时好时坏，大家也没有很放在心上。致远记住了两个乐队，一个主唱的声音动听严谨，非常适合露天的场子，甚至令致远动了想要抽支烟的念头。另外一个用方言说了脏话，带领大家一起喊，调音台立刻把他的声音调小了，但他嗓门极大，致远站在后方也听得清清楚楚。

等到洲的乐队出场时夜晚刚刚降临，灯却还没有亮起来。这支香港乐队第一次演出，只是作为暖场，没有人听说过他们，所有人都在等待后台最后登场的压轴乐队。疲惫的年轻人暂时安静下来，坐在泥地上，养精蓄锐。说实话，如今致远根本想不起第一次看到洲演出时的具体情景。他表现得羞怯谨慎，声音都被贝斯掩盖，走调严重，唱的是粤语，没人听得懂。但是他有种冷静的自信，即便被漠视，也确定自己在做正确的事情，并且理应得到尊重——只有在致远回想起来的时候才会意识到，很少有人能够在那么年轻的时候就拥有这种品质。洲从当时便决定了自己人生的基调，包括发型和穿着，他只穿牛仔裤，网球鞋，深色的T恤或者衬衫，连帽运动衫和一件跟随他多年的飞行员夹克。后来在北京的雪天，他也只穿这件夹克，像个精神抖擞的士兵。到了事业的巅峰阶段，他更加严苛地遵循自己的规则，只在一次颁奖礼上穿了西装。

洲和乐队的演出刚刚结束，正往舞台下面走，舞台上所有的顶灯都亮了起来，夜晚真正的主角登场，小广场沸腾。致远被人群挟裹着站起来，涌到这里，涌到那里。灯光太强烈了，接着是声浪和荷尔蒙的袭击，人群往舞台上挤，后面的人托着前面的人的屁股。致远突然浑身冒冷汗，快要昏倒。他后悔没有在洲演出的时候离开，现在则无法挪动，只好求救于身边的人想讨口水喝，他们递给他一瓶燕京，温的，他咕咚咕咚地喝完了。这是他记忆中第一次喝酒。

“谢谢啊！”他不得不扯着嗓子喊。

“这是共产主义！”那边的一个男孩也扯着嗓子喊。

“啊？”他也不知道自己听清楚没有。

演出持续到深夜，周围没有居民区，旁边是高速公路的入口，加油站，工厂。这里是一座荒岛乐园。散场以后致远才意识到他没有办法回到市区。高中同学说他和电影学院的几个朋友租了香山近郊的农民房子，很多人都这样做，连住三天。但是他的手机早就没电了，没有办法找到他们。他要去厕所，厕所全部堵住了，情况很糟，他和其他男孩一起站在外面撒尿。然后又回到广场，人群渐渐散开的广场上都是垃圾，他尿完又渴得不行，在垃圾里找到一个几乎没有动过的矿泉水瓶子，还是满的，打开喝了起来。突然有工作人员跑过来说可以去大厅睡觉，于是致远跟着其他人往舞台背后走，来到储藏室和排练厅，已经有很多人席地而坐。他找了一个合适的位置坐下来，然后侧身把头枕在双肩包上，听周围的人讲话。他们在谈论音乐，学校，西方世界，马克思主义。

致远睡着了一会儿，又冻醒。环顾四周，周围像一个不可思议的梦。他看到自己非常喜欢的吉他手在不远处和其他人聊天，旁边的男孩打着呼，手里握着《灿烂涅槃》。但是北京的秋天凉得太快了，外面继续刮着大风。他只穿着短裤和衬衫，冷，而且饿得不行，不得不离开这里。

外面，工作人员已经完成了清扫，他穿过一堆堆黑色的垃圾袋，像走在陌生的黑色小丘间。

致远走了很远的路，穿过一整片荒地，一段铁轨，找到通宵营业的网吧，里面很臭，但是暖和，而且有食物。他吃了泡面和鸡蛋。在打游戏的间歇，不断刷新论坛页面，阅读各种人写的音乐节流水账。摇滚，爱，和平。感动。相约下一个未来的年。

接近清晨的时候，他看到洲的ID，打开以后，是一份明快的清单，认真地给主办方提意见，列举了音乐节有待改进的地方，都来自于他的亲身经历或者观察。比如说应该多安排流动厕所，帐篷区域增设一些过滤水龙头，场地里禁止玻璃瓶装的啤酒，晚上和早晨都设置往返市区的摆渡巴士，安排一些站点，可以适当收费，等等。最后的一条他写的是："希望明年场地上空可以飞一个飞艇！"

哈哈哈哈。致远笑着，却从心里感觉到随之而来的强烈热情。这份清单礼貌得恰到好处，能体会到执笔人的一些不满和委屈，却一点不生气，有种少见的开朗劲头。字里行间因为饱满的自信和认真而闪闪发光。从白天到夜晚，致远感觉到飘浮的自由，美好和振奋的一切即将发生，但同时他又感到疑虑，他和小广场上的年轻人是一样的吗，他们所渴望的未来是同一个未来吗，他信任他们所创造的那个未来吗，他是否也会参与其中？但是洲写下的这份清单里却有种清晰确凿的东西，是自由的主动性——好想和他成为朋友啊！

致远想起大学里思政课本上的一句话：“青年在改造客观世界的过程中，也改造了自己。”致远把这句写在站内信里发给了洲，打字的时候同样相信着，此刻自己的热诚，对方也一定可以感受得到。一分钟以后致远便收到回应，洲在信件里面表达了第一次与大陆年轻人交谈的振奋，并且询问了大陆到底有多大。虽然无法回忆起更为具体的内容，致远却记得繁体字所带来的陌生感，以及开头第一行写着：“朋友，你好！”

接下来的一年，致远依然居住在小城，在一所中等规模的国营书店负责音像产品的宣传。实体唱片行业正在急剧缩水，所以致远的工作成为了衰亡的见证。然而他并没有感觉自己的年轻正被无意义所消耗磨损。相反，他穿过办公楼过道，推开通往仓库的门，想象自己正走在一段寂静的实体化的历史中。同龄的朋友或者同事都积极地生活着，像迁徙中的鱼群，涌向某片庞大而不明确的流域。致远却不为所动。他不清楚自己要做什么，或者成为什么，又似乎相当清楚，在每天重复到被质疑和瞧不起的生活中搭建着什么坚固的东西。

意外的事情有两件。第一件是和洲成为了某种意义上的朋友。他们论坛里交换过几次站内信之后，这种情况竟然出人意料地持续了下去。两个人喜欢差不多的乐队，却没有像平常的歌迷一样交换心得，大概双方都觉得音乐观念是比感情观念更私人的东西。倒是定期交流着最近在玩的游戏。PSP 刚刚在香港发售的时候，洲凌晨就去排队了。之后致远也买到了一台二手的 PS2。两个人都喜欢平井一夫，约定有朝一日去索尼发布会的现场。

“如果乐队做得好的话，或许可以去日本的音乐节，这样终有一日平井一夫会邀请我去演出吧。不知道为什么总觉得他会喜欢我的音乐唉。哈哈哈。”这样的愿望，之后被洲写成一首歌。

确实不是什么不可能的事情。音乐节之后不久，洲在香港发行了第一张唱片，封面上是一个穿着毛衣坐在书桌前认真吃鸡蛋的女生，名叫艾瑞卡。很多没有听过歌的人以为这是来自于香港的女生乐团。连洲自己都没有想到，这张唱片很快在大陆的一片有限范围内红了起来。可能是因为本地青年的原创精神普遍野心勃勃，营造出表面颓丧，实际积极和紧张的氛围，却猝不及防地在洲的音乐里遭遇一个暑假，每个人都踮脚走在晒到发烫的游泳池边的地砖上，消毒水，冷饮，穿泳衣的女生，感觉到宇宙中的永恒。大部分人都听不懂粤语，却能立刻被洲近乎严肃的轻盈打动。

致远工作的书店也进了一些唱片，为数不多。起初他把它们摆在显眼的位置，希望它们卖得好些，过了一段时间有顾客特意来买，致远又把唱片挪到了不容易被发现的地方，希望它们不要突然被那么多人知道。现在回想起来，这么多年里，虽然不知道平井一夫是否听到过洲的音乐，洲却去日本参加过富士音乐节，也曾经在红磡体育馆演出和领奖，穿了正儿八经的西装。

谩骂自此没有暂停过。洲的弱点在于音乐做得过分简陋，没有唱功可言。和大部分从大学里开始做乐团的人一样，一旦发行专辑，不专业性就被无穷放大。对此洲也没有反驳，认真地接受了下来，却丝毫没有在这方面表现出任何上进心。当时在北京的音乐节上同台演出过的乐队都看不起他，认为他既没有对音乐的尊重，也没有对世界的愤怒和担当。然而致远的想法却和他们截然相反。这张唱片撼动了他，将他固有的一些标准击碎。虽然洲唱的也是中文，写的也是中文，却始终像是在使用另外一种语言，描述另外一个世界。不排他，不污浊，不愤怒，不傲慢，有着青年身上少见的对外界的参与感，以及置身其中的热烈的同情心。

这样的人为什么会想和自己成为朋友——当时的致远常常怀有这样的疑虑。

洲的唱片发行以后，搬到南丫岛居住，只有排练的时候才和乐队的朋友见面。他在站内信里描述最近家里楼下新开的比萨店。去参加的漫画家见面会。游戏攻略。据说快要发行的新游戏。详细介绍西红柿罗勒烤鸡腿的做法，并且附上了一张配着米饭的照片。猫的近况。演出旅行中的见闻，和乐队成员去东北滑雪，结果滑雪场里的雪靴都是湿着捂干的，臭得不行。

好想去洲所在的那个香港啊。不是电影里面的，也不是 TVB 连续剧里面的。好想和洲一起去吃一次吉野家的双拼饭。南丫岛是一个岛吗，能看得到海吗？对于从未坐过地铁的洲来说，这是想象之外的青年生活，却又非常重要。

致远的站内信则更抒情一些。他故意避开日常生活的部分，说起自己久未谋面的爸。爸起初是长年驻扎在深山里的科研人员，山里有座火力发电站，早年的信件中，爸描述过深夜山里爆破的场景，山是最深的绿，天是最墨的蓝，坐在控制室里，看着外面一朵一朵爆破的烟雾，是在与宇宙最深处的秘密交谈，又或者是感知最深沉的召唤。他也向洲描述大陆的生活，并非都是他所经历，他找到有趣的新闻，年轻人的小说，加上他自己大胆的评论，大段大段地发送出去。在这种描述中，大陆变成一个浪漫的词语，是一片未知的庞大的新世界。

这样做不是为了确定洲的友谊，致远只是更喜欢站内信里的自我。寂静，酷。像一个旧世界的诗人，或者大陆尽头的一部分。而他很清楚他本人不是这样的，他希望这些东西能够通过文字返回投射到自己身上。

第二件意外的事情更加重大。致远妈终于结束了实质已经不存在的婚姻。她没有和家里其他人商量，坐长途车与致远爸会合，办理了离婚手续。然而她的前半辈子并没有不幸，相反，她性格天真热烈，也因此而始终得到善意，各种人以不同的方式爱她，帮助她。原本致远以为她在了结了这桩事情之后会回到家里，和照顾他们家很多年的叔叔搬到一起，或者结婚也不是没有可能，尽管致远自己并不希望当下母子间稳固持久的结构被破坏，但他已经做好了这样的思想准备，也愿意接纳家庭的第三位成员。却无论如何也没有想到，妈没有回家，而是带着为数不多的积蓄，和两个小姐妹去了西南部的小城市做传销。自此以后，与除了致远外的整个大家族切断了联系。

这件事情带给致远意想不到的剧烈振荡，晃动了他坚固的边界。不是因为钱或者信任的问题，虽然亲人们都认为妈陷入了骗局，致远却并不担心这个。她和同龄人不一样，他也是，他俩却都以自己的方式平凡地生活。而她突然破坏了与世界之间的隔断，让他觉得人生好似一场永无止境的抉择和愚蠢的难以避免的力争上游。而且他没有办法救她。她对他也同样无能为力。

“既然变成了孤儿，不如就趁此机会来北京吧！”洲在听说他的遭遇以后这样说。紧接着又发来两张照片。一张照片是他在南丫岛上的家，一间朴素的小屋子，拉着窗帘的缘故，依然无法判断外面是否是海。另外一张是政府要拆除服务多年的天星码头时，市民上街游行的照片。洲和朋友们在一起，坐在天桥上，背后是防暴警察。那一年中环旧天星码头还是如期拆除。之后不久，洲来到北京。

“之前几次来北京都觉得这里的气氛让人震撼，讲不定是可以伸展的地方。而且也是因为你的缘故，可以看看你所说的这片大陆。”

“哎别这么想。我始终在说的大陆风景大概也是虚构，别让你失望了。”

“不要紧。至少北京有种庞大的美。作为渺小的族群，想要看一看。你不这样想吗？”

“我和你不一样。渺小的我在北京讲不定活不下去。”

“有什么不一样。你比我更讨厌世界吗？”

不不不，不讨厌世界，为什么会给洲留下了讨厌世界的印象？致远想。这个世界再污糟也没有讨厌，相反觉得四处都是有趣的地方，甚至觉得为了维护这个世界的可爱之处，无论如何都要努力才行。只是讨厌自己罢了。不知道该把这样一个毫无用处的自己置身于什么样的地方才是对的。

说这些话的时候两个人正在游戏里一起找灯塔，翻过山头时看到一片粗粝的海滩，低像素的灯塔在远处闪着光。

即便是在游戏里，也觉得美好。然后洲打出一行字——“朋友，今天就到此为止吧。这座灯塔呢，我们明天再来解决。现在把盾牌放下，让我们站在山顶吹吹风。”

2005年，致远在北京找到一个工作，在一间普通的音像社，一切都顺利得惊人，没有遇见任何阻碍。其实在此之前洲提议过几次工作机会，尽其所能地鼓励致远，其中有一份工作是在他俩最爱的游戏网站，几乎是理想中的理想了！致远却始终无法克服一种退缩的情绪——“那里的门槛很高，工作人员表面看起来都是宅在家里的废柴，其实文理皆通。”——也很难说最终说服他的是什么，可能只是这间平凡的音像社正好出现在他脆弱的某一瞬间。

致远到北京之后不久，洲从香港排练回来，两个人讲好在三里屯见面。这是致远第一次去三里屯。初来乍到的一段时间里，他快速熟悉了各种地铁路线，去鼓楼看了一次演出。对他来说，庞大的城市生活并不复杂，不过是对电影，小说以及歌词的复刻和反复的练习。他即将去的新公司在三里屯的背面，却是一片普通的居民小区。他先去那里熟悉了一下环境，找到一间小馆点了水饺和汽水，然后绕过嘈杂的酒吧街，每间酒吧靠窗都摆着五颜六色的水烟，涌出污浊的音乐。然而他穿着干净的牛仔裤和球鞋，双肩包里还带着给洲的礼物，一顶棒球帽，感觉既振奋又紧张，是来到北京以后最好的一天。

到了约定的地点，站在路口等了一会儿，不一会儿洲便出现了，穿着深蓝色T恤，戴着眼镜，有点害羞地低着头。他比致远印象中矮小一些，有种因为户外运动而造成的好看的黝黑，行动矫健，果断。和杂志照片看起来差不多，但很不好认，大概也很少会在马路上被认出来。没有感觉他是一个主唱或者明星，却像大学里面聪明并且体育好的高年级同学。致远心里涌动着对友谊的强烈渴望，也因此而敏感地察觉到，比起字面的交流来，洲本人有种复杂的坚决和严肃。

两个人认真地握了手，接着却彼此都不知道如何破冰，洲说刚刚在旁边的碟片店里碰到了几个朋友，所以现在大家都在一起喝酒，希望致远不要介意。“都是非常友善的人。”他完全知道致远的心思，立刻补充了这句话，试图打消致远的担心。所以尽管致远并没有做好要交其他朋友的打算，此刻也没了办法。

他跟在洲身后，经过几间墨西哥小饭馆和几间粉红色的发廊，拐进一条脏兮兮的小巷。小巷是一间酒吧的后街，外面支着一些小桌子，挤得满满的。很多外国人站着，握着啤酒瓶。夏夜的空气干净好闻。洲很快把致远领到一张小桌前，四五个人围坐着，跟前堆了花生和啤酒，黑漆漆的。洲拖了把凳子过来让他坐下来，并没有互相介绍，但在座的其他人给他一种感觉，仿佛他始终置身其中。

洲坐在致远旁边解释说，有个朋友住的地方因为违章搭建可能会被拆除，所以大家正在替她想办法。并且提议致远试一下这里全北京，也可能是全世界最便宜的金汤力。

遇见麻烦的女孩叫小马，在纽约待了很多年，但是她看起来年纪很小，不像是在美国出生，出国念大学的话年龄上也有点讲不过去，不知道是哪里人，也不清楚为什么来到北京。致远很快注意到这里的人都难以归类。他们交叉使用英语和普通话，好像这是同一种语言，因为彼此很熟悉的关系，有时候用对方的家乡话打岔。除了小马外，还有一个美国人，一个白族男孩，一个东北口音的女孩。他们都住在故宫以北，最远不超过东直门的一个正方块形区域间。因为再往外，就是不断繁殖的规模小区和商圈。

这里是旧城与当代世界的交界处。

小马继续讲，洲则断断续续为致远补充。

先是美国人老冯租下了大杂院里的一间，老冯是位厨师，正在筹备自己的馆子。小马看到他的屋顶有片空地，便和房东商量说能不能在那里搭建一个小小的蒙古包，绝不会占用很大面积，厕所与老冯合用。她可以付一点钱。房东爽快地答应了，还热心肠地帮忙一起做了屋顶的修整工作。旁边正好挨着一棵香椿树，所以刚刚过去的春天吃了不少香椿炒蛋，香椿豆腐，凉拌香椿。

蒙古包是从呼和浩特联系了厂家运过来的，真的草原蒙古包，不是钢筋铁皮搭起来的冒牌货。里面用木架做成网状支撑，围毛毡，再覆盖结实保暖的外皮。顶上有个天窗。门往东南方向开，既是避寒，又是吉利。工厂专门派了工人从呼和浩特过来安装。照理里面可以放火炉，小马放了取暖器，设置了无线网络。即便是暴风雪的天气也能安然度过。

“怪我不该把媒体的朋友带过来玩。最近城管和记者在胡同里到处找蒙古包，也很为难。”

“但是北京城中心出现一个蒙古包怎么样都会成为奇

观的。”

“反正她自己也得意洋洋地拍了下雪天在蒙古包里烤橘子的照片，放在博客上。”

“冬天烤橘子可真香啊。”

“可不是吗！”

“警察是怎么讲的？”

“来了几波，没有为难我，对蒙古包也都很好奇，里里外外问了好些问题。但是蒙古包小小的，确实没有妨碍到其他人，之前隔壁邻居担心我每天爬上爬下可以看到他们家的院子，我在屋顶装了一个栅栏，这样互相都看不见。警察倒是好心提醒我当心小偷和歹徒。不过违章是肯定的，到底要怎么做他们也很为难，肯定从来没有遇见过这样的情况。怎么说呢，我真是给警察添了不少麻烦吧。”

“我刚到北京的时候在大杂院里租一间小屋子，带独立厕所，虽然是茅坑，但可以冲水，七百块，老家的朋友还觉得贵得不可思议。现在这样的也得一千多吧。”

“再早几年，我有朋友在香山脚下租了一个农民大院，只要三百块。”

“我们也可以搬去香山唉。小马可以把蒙古包安在香山脚下。”

“长城脚下也可以。”

“如果拆掉的话，我不会再把它留在城里了。我最近常常在想，讲不定它就应该待在属于它的地方。草原啊森林啊。原始，peace。但是我又不能跟着它走，归根到底，我还是在借用城市带来的微小的轻松。”说到这里，她取出一张小相片递给致远，给这位新朋友看一下蒙古包的模样。

小小的，用绳子绑得结结实实，顶上盖着一层白雪，旁边屋顶同样盖着白雪的瓦片，一棵柿子树，一棵香椿树。

“可能应该像游牧民族那样干脆些。”致远不知道为什么自己脱口而出了这样的话。明明想说些别的。冬天自己家里的老人也会烤橘子。还有他这几天傍晚总是看到在头顶无序乱飞的乌鸦。

“欸？”小马疑虑地看着他，像是在思索游牧民族的处事方式是否能用干脆来形容。她长得像古典油画里面的小男孩，蓬松的头发扎成一大把，穿着男生的衬衫，看起来不太好打交道的模样，一开口却天真和诚实得叫人吃惊。其他人也是。好像从来没有遇见过挫折，也没有受过任何形式的威胁，因此外部环境再严苛都没有愁容。

洲没有喝酒，也没有抽烟，专心地喝着可乐。整个晚上他没有怎么说话，却轻松自在，似乎天然是中心，给人一种只要他在，谈话便能得以继续的感觉。用他们的话来说，peace。而致远则不知不觉地要了第三杯金汤力，并不是喜欢酒，但紧张消退了，他反而感觉清醒。在他们的谈话间，他在这一个星期里复刻的经验全部作废，以及之前所有字面理解中的城市，青年，革命，创造，意义，自由。他被全新的东西震动。意识到这是自己第一次在酒吧喝酒，也意识到这里有一种他不曾拥有的天真。

此时外面的大街上起了骚动，人群开始往一个方向涌，但是挤在小马路上喝酒的人似乎浑然不知，流动着一种天塌了也没有关系的人为欢乐。一会儿陆陆续续传来消息说马路被戒严了，两头拉着警戒线，那段时间是治理时期，警察经常在三里屯检查违禁品和经营许可。小桌边的人不为所动，反而因为暂时谁也无法离开，而心安理得地继续交谈。

但是警察进来以后拉掉了音乐。致远之前并没有意识到这里播放着噪音般的音乐，瞬间的寂静显得非常古怪。后来致远回想起来，如果不是因为古怪的寂静，暴戾的意识可能不会醒来。两三个警察挨桌检查身份证，有些例行的疲倦和冷漠，但没有粗鲁失当之处。先是老冯和洲没有带护照，然后小马没有带身份证，其实他们都住在附近，解释一下回去拿就好。但是洲却突然站起来，把手腕朝上并拢起来，向站在他跟前的警察伸过去。

“我没有身份证。怎么样，你们抓我回去吗？”洲既像是失控，又像是突然站在舞台上表演了一个开场。他的愤怒很冷静，仿佛是计划或者排练之后，是一种漠然的练习。

“抓我们回去啊。走吧。”老冯跟上。

那是位中年警察，致远看着他露出困惑的表情，继而转为被冒犯后的吃惊和愤怒。微妙的转换让致远的情绪也涌了上来。但是在场所有人在那个瞬间都没法决定接下来要怎么办，静止着，仿佛都指望依靠对方的反应做出下一步的判断。致远的身份证已经揣在了口袋里，当他得知要检查以后便自然地从钱包里把身份证拿了出来，但他为自己下意识的举动感觉羞愧，仿佛出卖朋友。

接着那个瞬间过去了，随之而来的是混乱的争执。两个年轻的警察在大吼，洲语速飞快地讲粤语，老冯激动地来来回回走。致远做了很坏的打算，但其实也没有坏到哪里去，可能会罚款，或者去拘留所过夜，如果和他们在一起便没有什么可担心的，他甚至有点期待。身处这个小小的结实的群体让他产生奇妙的安全感。这时候对面的小马走到警察面前大声说："为什么要这样，大家都是为了好好生活。"中年警察吃惊地看着她，然后小马哭了，巨大的泪珠涌出来，小孩般的脸皱在一起。致远的心被震动，是什么情感那么强烈，他感觉到，却无法理解，有点委屈，简直也要哭起来。

"你在说什么啊，我们也是为了好好生活啊。"中年警察突然泄气了。这句话说出来以后不知怎么的产生了一种滑稽的效果，出现了一个新的寂静的瞬间，然后气氛松弛下来，两位年轻警察继续检查，旁边的人也都重新变得配合温顺。和洲相熟的酒吧老板把他拉到旁边说话，其他人都坐下来等待戒严的结束。感觉甚至有些温柔，直到对面的酒吧重新放起了音乐，警察离开了，这件事情作为一个插曲而终结，周围和外面的一切缓慢有序地恢复了机能。大家却静默地坐在桌子旁边，仿佛继续等待什么郑重时刻的到来。

"想起来一件事情。"致远略带迟疑着说起来。

“1997 年香港回归之前，我在老家念高中二年级，住宿生。学校接到省里面的任务要为七月一日的庆典做准备，派我们年级所有住宿生参加庆典的排练。从三月初到六月底，每天下午在省体育场排练两个小时。因为学校偏远，路上来回需要花费三个多小时，所以下午几乎没有办法上课。所谓的排练其实就是队形转换，但是要求绝对整齐，专门派了部队的教官来训练我们。起初很开心啊，不用上课，每天还能领到饮料和面包。后来天热起来，每天却都在重复同样的动作，非常枯燥。我们在庆典上的表演是通过变换队形和手里面举着的彩色纸板，排列出不同的字母和图案，地上画了各种标识，我们要反复记住，在规定的时间走到规定的地方，直到变成身体记忆，没有误差。

“正式演出的那天，学校里面的考试还没有结束，但我们不用参加考试，还领到了新的白衬衫，西装裤。早晨四点半在操场集合，坐大巴去了新建成的大体育场。尽管之前的一个星期都在这里最后彩排，但是那天的一切却崭新到离奇，像一个建立在虚构上的平行世界。我们在准备区域等了两个小时，上场时，锣鼓声和音乐带来奇妙的真实感，能够感觉到有庞大到不能描述的事情正在发生，我们则过分渺小，方阵中的微粒。然而想要细想的时候，这个瞬间已经结束了。

“回程的大巴上没人说话，所有人都又累又伤心。而且得知噩耗说接下来的暑假都要用来补课。有一位老师坐在我前面，她转过头来说，以后的人生还会遇见更多这样的时刻，但不再会有一个集体和你一起经历。类似于这样的话。但这到底是一个什么样的时刻呢，恐怕连她自己也不清楚。

“我们直到高中毕业时才看到了当时的录像。在礼堂里播放的。很热闹。镜头扫过我们所处的那个方阵，住宿生就开始起哄和鼓掌。这是我们第一次明白当时自己在做什么，那些彩色纸板和走位连成的是什么图案。在俯瞰的镜头里，只有我们自己知道自己在那里。那天的礼堂里有种复杂的情绪。因为高二荒废的整个学期，不少人高考失败。但也很难把高考失败就归结为这一个原因，至少我们当时谁都没有真的这样想。相反，就认为这是命运嘛，就应该这样接受下来。我们通过嘻嘻哈哈的方式打消着彼此的疑虑。我接下来也要去很糟的大学。也不是沮丧，而是这样荒谬的伤感。”

小桌边的人陷入更郑重和古怪的寂静，但音乐响着，致远看看洲，洲先是注视着他，然后扭头看往其他地方。致远在那个瞬间能够解释洲身上不合时宜的坚决和严肃，他的音乐里面不为人知的愤怒和迷惘。但是那个瞬间也很快就过去了，他不得不闭上了嘴。

之后大家纷纷告别，致远和洲一同往东四十条方向的地铁站走。现在 peace 的感觉又回来了，但是变得复杂和不稳定。他们经过一个竖立着雕塑的小广场，是一只奇怪的狼，两个人绕着转了一圈，然后终于找到一个便利店买了两瓶水。可能是因为那只狼，致远感觉到令人心安的虚构感重新降临，他们仿佛行走于电子游戏中的北京地图。

“我感觉自己说了不少蠢话。”

“怎么会。这是一个很难忘记的夜晚。”

“其实我想问你一个问题。刚刚警察并没有对我们做什么，为什么你会那样？”

“我也不知道。但是对我来说这可能是一种时刻都准备着的情绪，虽然不确定，却在心里练习过太多次。好像是把在香港时的失望转变成了其他什么。所以一有行动的机会，就想实践。像条件反射一样，往往是判断错误的。

不过简单说起来，大概就是乐队主唱人格上身，扮演星斗市民。”

“什么市民？”

“粤语里面的讲法。就是像星斗一样平凡的你我他。”

经过街心花园的时候，洲跳上单杠上玩了一会儿，致远也跳上去翻了几个跟头。

“你是不是体育生？”

“田径队的。但是后来没有在比赛里得过什么值得一提的名次。考试也没有得过优惠。不过我小的时候一直希望自己以后成为足球运动员。”

“我们竟然从没聊过足球。我虽然是曼联的球迷，最喜欢的球星却是梅西。”

“我不是真正的球迷啊。但中学时期正好是全国足球联赛最火的时候，我看得最多的也不过电视转播的省队比赛而已。不过有一个很喜欢的运动员，踢前锋的位置，四分之一俄罗斯血统，球风又直接又细腻，还不到二十岁。我们为香港回归的庆典排练的场地，正好也是省队训练的场地。所以最大的福利就是每天排练完，等待大巴接我们回去的半个小时里，可以坐在看台上看省队训练。那个球员真的和其他人都不一样，即便是枯燥的基础训练，对我们来说，也好像是在观看他的个人表演。因为自己的体育不错，所以暗暗希望以后可以成为这样的人。那些傍晚也真是好得不得了。排练的时候流了很多汗，但是临近夏天的风介于暖和和清凉之间，非常舒服。喝汽水，吃面包。既不感觉荒谬，也没有忧虑。所以留下这样的记忆，也算是值得？”

“你对值得的期待实在太低。我不礼貌地问一句，你们为什么不抗议？一个学期的排练对你们的人生造成了毁坏。没有人去投诉吗？”

“当时没有人会这样想吧。即便是现在想起来，我也觉得没有区别。高考成绩好一点，或许会是不一样的人生，也或许不是。但不管怎么说，我都觉得没有什么两样，都是要接受的命运。”

“怎么会没有两样呢？那是通往自由的基本路径。”

“是吗？对我来说的那大概是比较浅显的自由。而且那是很珍贵的年纪，也是很珍贵的时代。没有人制造怨念。我想你大概不会明白。”

这样他们沉默了一会儿，彼此赌着气，埋头拼命走了一段路。

“我在慢慢明白。怨念是很讨厌的东西。十年前的香港可能还不是这样。电影里也没有不得志的老警察，反社会的杀手，忧心忡忡的新移民。而现在每个人都被固定在自己的位置上，扮演自己的角色。赌彩的好运仿佛再也不会降临。没有人尊重彼此的愿望。没有办法描述唉。写了一点在歌里，大概还会继续写一点。但是所有以为自己明白了的时刻都是稍纵即逝的。真是一点也没有办法啊。只好等待着下一个这样的时刻继续到来。”

“刚刚在那条街上。音乐突然被拉掉的时候，对我来说也是这样的时刻啊。”

这样等他们走到地铁站的时候，已经连路灯都熄灭了。洲不死心地跳上台阶往关闭的铁栅栏里面张望，糟糕了！他懊恼起来，因为知道致远借住在高中同学家里，非常远。致远却松了口气，说实在的，他无法想象倒两班地铁回到通州。高中同学在通州的一个科技园区上班，虽然性格慷慨友善，对待具体生活的态度却一团糟。床和写字桌紧紧挨着，有性能极好的台式电脑，键盘和鼠标。他在这两平米见方的区域内生活，听音乐，打游戏，工作。现在这两平米旁边的窄道里安置了一张睡袋给致远，是他想象中逃生时的备用。睡袋很潮，也是这间垃圾房的一部分。总之下个星期一定要找房子了。致远暗暗下了决心——“不如去洗澡吧？”

“洗澡？”

“澡堂。北京没有吗？通宵的公共浴室。”

“好像路过过。但我一直以为是流浪汉会去的地方。不过去一下也无妨。”

结果在东四十条附近果然很容易就找到了澡堂，挨着一间水果铺和一间台球房。外面看起来很破，致远不免有些担心里面的情况。走过一段露天走廊，里面却整洁明亮，一派八十年代国营单位的气氛。两个人领了手牌，毛巾和一块肥皂，致远带着洲找到柜子，放好衣服，光脚泡进池子。水温比想象中凉，致远觉得正好，刚刚的酒让他胃里不舒服。很多年以后他才回想起来，在三里屯喝的那种十块钱的金汤力用的一定都是假酒，而在当时他只觉得自己果然不胜酒力。

有很长一段时间，两个人浸在水里，偶尔发出舒服的叹息，谁都没有再讲话。

“唉，你觉得我有没有秃顶？”洲转过头来，认真地问。

“我看看。”致远也认真地打量起他来。

“我爸和我叔叔都是秃顶，可以说父系的男性亲属都是秃头。早晚都要发生的。但还是很担心现在就已经发生了。”

“这样说好像是有一点。”

“唉，糟了糟了。真的假的？”

“嗯，发际线这里。”

“完了完了。哪里有秃顶的乐队主唱。”

“罗大佑！啊，我想起来，你有点像九十年代初期的罗大佑。那时候罗大佑大概三十多岁，但是发际线已经很靠后了。”

“哈哈哈，你不要乱讲。我比罗大佑帅很多啊！”

“但是真的很像。我看过 1991 年一次赈灾演出的录像，罗大佑戴着茶色墨镜，一边唱《皇后大道东》，一边四肢不协调地扭来扭去。非常忘我，真是出乎意料的迷人。很像你在你的一个 MV 里跳的舞啊。你和一个女孩在巴士里，女孩坐着，你就一直在旁边跳舞。”

“我很喜欢 1991 年的那张专辑啦，最后一首歌是《东方之珠》。念书的时候，我爸领着我们全家去看他在香港的演唱会，是我们家里难得的合家欢时刻。不得不说，罗大佑对我来说是真正的大明星，是最后的大时代里野心勃勃的没落英雄。但是跳舞嘛，所有不会跳舞又自说自话的人跳起来都是这样的——艾瑞卡，那个坐着的女孩，就是封面上吃鸡蛋的女孩，认为魔性的舞步也是男孩的性感。”

“很多人问艾瑞卡是不是你女朋友。”

“啊，我以为我告诉过你。我喜欢男人。”

“欸？”致远噗地笑出声来，又疑惑地发出一个叹词，而洲略带吃惊地看着致远，以为他没有听明白，接下来认真解释说：“我喜欢男人。我和男人谈恋爱。这样。”

致远尴尬地收回笑容，一时也不知道视线该停留在哪里，只好不自觉地退回到池子角落里，假装闭起眼睛来享受热腾腾的蒸汽。听到洲若无其事地缩在水里，发出舒服的叹息。过了一会儿他被一块毛巾砸中，听到洲气呼呼地说：“你这家伙，不用躲得那么远，我有男朋友的。那可是比你自由很多的男孩！”致远大笑着把毛巾扔回去。然后两个人都不再吱声，缩在水里，一起发出舒服的叹息。

便是在这个时刻吧，致远感觉到确凿的友谊。不是站内信，不是虚构，他们成为了确确实实的朋友。即便他清楚地知道这份友谊存在着明确的边界和他不愿再去探讨的地带。之后洲和致远告别。致远则在浴室里租了张躺椅，头顶的窗式空调响个不停，其他夜宿的客人发出起伏的呼声，他却沉沉睡到清晨。从浴室出来，小风清凉，精神抖擞，感觉从此被好运笼罩。

这个夜晚被洲写成两首歌，收入在第二张专辑里面。致远很喜欢有关澡堂的那首，歌词说的是和朋友漫步在北京的夜晚谈论什么是更为高级的自由，之后又在公共澡堂里对朋友出柜，朋友吓坏了——“但是朋友啊，还请和我一起在有限的自由里冒险。”——现在唱起来，致远也要红了眼眶。第二张专辑的发行距离当时已经五年。接下来洲迎来最红的一段时间。去日本音乐节，在红磡体育馆演出都是那之后的事情。而关于这个夜晚，致远当时怀有一种热烈的期待，这样的夜晚会反复出现，但其实并没有。

一方面是因为致远没有能够在故宫以北的正方形区域内租到房子，最终在东五环外找到了合适的室友和住所。

这里因为不通地铁，房租很便宜，却从地理意义上区别于洲所属于的那个群体，被以版块为界限划入了新的人群。这个庞大的小区里住着的几乎都是贫穷，却对美好生活抱着破釜沉舟般决心的年轻人。起初周围很荒凉，出门以后只有一条笔直的道路。后来这条路上开出很多烧烤店，拉面馆，沙县小吃。都是只有年轻的身体才能承受的食物。渐渐地，这里形成一种排斥家庭或者任何固定形态的气氛，搬家的货车进进出出，一幅进行中的新世纪图景。

然而工作比预料中好很多。恰逢时代的洪流冲击旧的体系，允许热切盲目的年轻人在短暂的松动中创造一些无意义的空间。致远当时负责一个风格未被定义的小乐队，三个来自重庆的男孩。致远从音像社一堆被遗弃的小样里发现了他们，被音乐里春游般的轻松和玩世不恭的坏浪漫打动。在致远的说服下，尚存理想主义决心的老板同意投入有限资金，做一些无害的尝试。接下来致远帮助他们策划第一张唱片，并且带他们去内陆城市演出，参加名不见经传的各类音乐节。他们一起坐火车，住卫生情况糟糕的连锁旅馆，却都怀有磨砺自我的决意和快乐。这是致远谈论音乐最密集的一段时间。起初是听他们交谈，之后他也参与进去。他不得不承认自己从交谈中获得了快乐，并且感觉自己在认真地活着，思考，创造。

另外一方面，致远和小马发展了一段外省青年之间的爱情。从三里屯告别之后的一星期，小马给致远打了电话，她告诉致远说那天他回忆起回归庆典的事情带给她一些震动，而她也有一些疑惑想和他聊聊。但是在与洲交换过有关自由的看法之后，致远变得有些小心，不想再谈这件事情。不过他很高兴小马能打来电话。他们聊了一会儿那天晚上见到的朋友们，还有蒙古包的情况。之后每天他们都会打电话聊一会儿。小马出生在南方沿海小城市，小时候因为聪明过人被当成天才学生培养，跳了几级以后作为交换生去了英国。感觉水土不服，于是自说自话地退学，去了美国。但是她的叙述每次都有些不一样，她会增添或者删除一些细节，致远如果产生疑惑，她却又都能给出合理的解释。其实致远不在乎她是否杜撰了一部分人生，也有可能她对于构成平常生活的重要部分真的不在乎。在描述对于致远来说不可思议的经历时，她既不傲慢，也不拘谨，把各种事情都当成平凡的烦恼与快乐。致远喜欢和她讲电话，主要是听她讲。他没有什么可作为交换的经历，当他们有些害羞地谈到恋爱史的时候，他产生一个模糊的念头，小马大概会成为他的初恋。

有时候小马强迫致远聊聊自己，致远便会把过去写给洲的站内信件内容再复述一遍。大概因为地理上来说小马属于旧城区的浪漫派。但其实小马认为他讲什么都好笑，生动，伤感，像塞林格。

之后小马的蒙古包拆了。但是找到了好的买家，现在可能正如愿以偿地在远方的森林里，瀑布边。拆的那天致远去帮忙，他以为会遇见洲，但是只遇见了老冯和再次从呼和浩特赶过来的工人。那天晚上致远和小马在胡同的小饭馆里第一次面对面正经聊天。小马坐在对面喝啤酒，笑嘻嘻地非常专心，给致远留下了比之后在蒙古包废墟上的亲吻更强烈的印象。

小马先在老冯家住了一段时间，作为回报在他的馆子里打杂。尽管她在日常生活中的需求非常微弱，几乎没有消耗，但当时老冯交往了新的女友，她不得不重新找房子。致远帮了不少忙，并且在她需要支付房租的时候借给她一个月的工资。他几乎没有多余的钱，却不由自主一再地帮助小马，结果给自己造成不小的困扰。而小马并没有觉得这有什么问题。生存让她烦恼，但她从未真正忧虑。她总是帮助各种朋友，一副热心肠，在人际关系里没有界限，而且好像做什么都游刃有余。有时候拿到报酬，有时候没有。因此她觉得致远给她钱，帮她交房租好像并没有什么不对，欣然接受着。而且她确实不像其他女孩一样在物质上有任何花费。她常年穿着朋友剩下来的衣服，一些男孩的夹克和连帽衫，骑一辆朋友母亲淘汰下来的自行车。为了方便和她一起出行，致远也买了一辆自行车。

然而房子又让她不愉快。她离开了大杂院，与另外一个女孩住在团结湖的老式居民小区里，享受着空调和二十四小时热水带来的便利和舒适，因为小区是政府机构的家属楼，冬天的暖气甚至足到必须要开窗。当代的同质生活使得她陷入近乎罪恶感的焦虑，脸上的痘痘也随之爆炸。

致远把这些事情都作为小马人格的一部分接受下来了，而且有时候确实认为她的反抗是有道理的。她的个子很小，比平常人更加脆弱，也更容易陷入时代的流沙。但令他感觉委屈的是，小马抗拒性行为。在他们恋爱的一年中，虽然进行了所有边缘行为，小马却始终拒绝最后一步。

“你想要睡的不是我，是和我有关的历史，环境，人群，是一个幻觉。就好像这样你可以更了解我，但其实不是的。”小马常常语无伦次地解释。

“扯淡。我想睡的当然就是你。确确定定。”

为什么她不能确定！小马解释说她很讨厌自己的身体，没有把握能够使用好自己的身体。她需要更多的自我认知和确定。这给致远带来的痛苦暂时超越了一切，超过了言辞，音乐，意义。他从未经受过感情的训练，也没有人可以求助。总之整个冬天与欲望和孤独的斗争是覆灭性的。然后熬到春天，感觉可以透口气，却遭遇沙尘暴大爆发。小马的痘痘变得非常严重，对好几种药物产生抗药性以后，又试验了放血和针灸的治疗。但是中医诊所的拥挤和缓慢令人绝望。除了拒绝性行为之外，她还开始拒绝任何耕种出来的东西，尝试一种穴居人饮食法，不吃面包，面条，米饭。在这个过程中她感觉自己变成了奇怪的动物。致远买了食物去找她，尽量避免了牛奶，鸡蛋，淀粉和一切与种子有关的食物。但是她不开门。致远打电话给她，她接了，她说她觉得致远睡了其他人。

致远确实在睡其他人。有一天晚上他做了四次，清晨的那一次感觉只是身体盲目地抽搐而已。起初他认为自己可以解释这件事情，后来觉得没有必要。而且他必须承认，他确实得到了身体上的安慰以及非常短暂的轻盈时刻。并且他意识到小马对他来说绝对不是幻觉，相反，他才是小马意识中一部分的投射。或者更糟糕的是，他连同故宫以北正方形区域外的世界，正是小马强烈排斥的。这样一想，他变得更加伤心。

尽管致远很想找洲倾诉与小马之间的问题，却担心他们之间会发生类似上次那样关于自由的争论。然而这两件事情之间又有什么联系呢，他也没有想清楚。这样时间久了，致远便把这件事情当作秘密，反倒和洲也感觉疏远。

春天还没有结束小马就决定离开北京。致远很长一段时间没有单独见到她，但还是和其他人一起为她送行。她的东西少得令人吃惊，大部分东西都留给老冯，却把自行车留给了致远。致远有种感觉，其他人都清楚他俩之间的恋情，但是谁都没有说，大家爽气地说着惜别的话，开玩笑，还真的为什么事情大笑起来。最后他们打算像同志一样潇洒地握手告别，小马却突然抱住他的脖子开始亲吻。于是小马哭，他也哭，边上的人都不吱声。

“傻子，我为什么要两辆自行车啊！”致远这样说着。这永远是他人生中最伤心的一天。之后他把自己的自行车卖了，留下了小马的自行车。

奇怪的是，小马一离开，天气就慢慢好起来，沙尘暴结束了，迎来的是一个干燥凉爽的夏天。

音像社按照计划开始筹办露天音乐节。地点在郊外一座废置了几年的游乐场。致远与老板一起去巡视了几次场地，大部分的游乐设施已经拆除，留下遍地荒草，一面镜子般的湖和漫天飞的白色野鸟，正适合建造一个小小的乌托邦。他们在不同的时间过来，观察天色和光线的变化，最终选择了一小片林中空地。老板热情描述着秋天到来时的场景，他想象白色的帐篷，周围可以搭建高高的看台。致远趁着他兴致高昂的时候建议说安排往返巴士，搭建流动厕所，如果有帐篷区域的话记得增设过滤水龙头，在空中放一个飞艇，以及希望能够邀请洲的乐队参加。老板虽然并不喜欢洲的音乐，称之为温情的伤感，却爽快地答应下来，并且提出邀请更多的港台乐队，他想要陌生化的浪漫和叛逆——这是他理解中的年轻人。然而每次的巡视都有一个不愉快的结尾，他们傍晚离开那个宇宙间最浪漫的荒地，接近进城高速时开始堵车，老板的脾气也随之一落千丈。他变得焦躁，泄气，骂骂咧咧，同时又说一些以“你们年轻人”为起始的观点，仿佛自己置身事外，对未来撒手不管。这让致远觉得他像是完全经不起挫折或者容易放弃。总之他不是一个称职的老板。他喜形于色，怀有落后于时代的理想主义，却又以笨拙本能的努力想要搭上时代的顺风车。然而致远很喜欢他，容忍着他，遏制自己不时对他流露的同情。大概因为他身上有种滑稽的不平衡，和摧毁性的自我质疑，或许是他的同龄人正在丧失的。

没有想到洲断然拒绝了音乐节的邀约——“抱歉真的不能参加。那天是游戏发售日。我本来还想找你一起去电子商城排队。”——态度礼貌坚决，然而搬出这样的理由真让人摸不准他心里是怎么想的，想推进或者反驳也不知从何说起，反而让致远为自己急切想要证明一些意义的态度感觉惭愧。但不管怎么说，想看到洲的演出是真实的热忱的愿望！于是他撇开音乐节的事情，提议周末一起去荒废的游乐场玩一玩。

两个人约在地铁站见面，坐到终点站，再换乘小巴。

路途遥远却并不乏味，甚至见到了难得一见的乡村场景，路过水库边成片的向日葵。

“这也是北京吗？”

“嗯。不赖吧？”

美好的夏日傍晚，游乐场里湖水清澈，水位很高，野鸭子和鹭鸶出没。致远顺势向洲描述即将在这里发生的一切，而洲惊讶于他竟然记得多年前自己发在论坛里的音乐节建议。他们喝完了可乐，洲脱了T恤跳进湖里，致远也跟了过去。湖水出人意料地暖和，干干净净。他们漂浮在水面上，闭着眼睛，小鱼偶尔咬到他们的脚。之后他们爬上岸，在石头和树叶上蹭干净脚上的泥巴，往游乐场的深处走去。在致远从未到达过的地方，他们发现了一处沙地足球场。

“看来不得不再来一次了！”洲拍拍致远的肩膀。

“可能不止一次。”

“九月我从香港带乐队过来，但是有一个要求，音乐节开始前我们在这里踢一场足球比赛。”

“当然！”

接下来的整个夏天致远都在为音乐节忙碌，往返于公司和工地。洲则带着足球比赛的郑重允诺回到香港和乐队排练。他们每天交换各自的情况，互相提供建议和帮助，是联络最为密集的一段时间。洲凌晨回到家里发来现场排练的小样，致远也坚持着用缓慢的网速断断续续下载，再戴上耳机听。感觉好棒！粤语在粗糙的音质下完全听不清楚，却像是跟随着洲穿过了一座座虚构的楼宇和城市。

然而八月底等来的是坏消息，音像社突然被集团吞并，几乎没有争辩和质疑的机会。得知消息的时候致远正在准备第二天工程队入场，被紧急叫停还以为是一个误会。接下来两天老板和高层闭门会议，其他人则手足无措，一场暴雨以后，夏天猝不及防地提前结束。

没有人被辞退，也没有人加薪。音乐节将按照原定日期举行，但是场地转移到市区时髦的小剧场，有专业人士接手。包括洲的乐队和致远负责的重庆乐队在内的六支乐队没有通过最后的演出审查。老板交代致远给他们发礼貌且有分寸的道歉信，告知这场意料之外的变局。没有合同，没有赔偿。致远以为在这样的震荡下所有人都会消沉，但其实只有他自己。老板在安排完过渡期的工作以后立刻休了长假，这是致远进音像社以来第一次见到他休假。就好像他终于决定撒手不管了，也可能他获得了致远所不能理解的平衡。财富和被局限的自由使得他非但不沮丧，还表现出轻快的振奋，令致远不由思索，如果他正在参与的是一种进程，如果他也是进程的一部分，那么通往的究竟是哪里。

之后的一个星期没有人来上班，只有致远试图坚持住某种恒定，每天在寻常的时间过来，坐在自己的位置上处理所有邮件，他一再拖延发给洲的邮件，但其实每天都写一点，又每天都停顿下来。他写了目前碰到的情况，他的歉意，迷惘，疲惫。写到后半截他感觉自己回到过去，如同坐在网吧里通宵的夜晚。于是他放松下来，又想起来把自己和小马之间的问题从头到底写了一遍。有些瞬间他感觉自己和其他人的未来浮现在跟前，他便也写下来，然后他再想到小马，小马会变成什么样的人，真是一点头绪都没有。他像是从来没有理解过她，也可能从来没有理解过洲。写完邮件，他离开办公室的大院，像发着一场高烧，只能回家大睡一觉。

醒来的时候天色是透明的暗，一时无法分辨是傍晚还是清晨，但时间肯定已经过去了一天，致远没有收到洲的任何回复。接下来的一天，两天，整个星期过去了，都没有来自于洲的消息。但是洲确实收到了邮件，因为他停止了排练，博客上只有他在大浪湾学冲浪的照片和记录。

九月的第一个星期六，原定的音乐节前夜，洲终于更新了一条博客。是一张简单好看的演出海报，白色细马赛克的背景上绿色LED感觉的繁体字，写着时间和地点，以及一句话——我所理解的大陆。紧接着致远也收到了消息："朋友，明天东单公园相见欢。"

欸？原来已经回到北京了。第二天傍晚致远从小剧场的排练现场提前撤退，一路上既担心错过时间，又怀着紧张和复杂的心绪。希望路途更遥远，他只是在路上，永远抵达不了目的地。这样出乎意料地，却在公园门口就遇见了洲，他背着吉他，正站在小卖部旁边喝可乐。

"好久不见！"洲远远看到他，简直乐不可支地打起招呼。

"好久不见。你是在开玩笑吗？"

"本来是认真想在这里演几首歌，刚刚打开吉他，就遇见公园管理员。我虽然讲礼貌，却也很难缠，所以管理员又找来几位城管。”

“看你现在这副样子，应该是没有逞能一个人扮演星斗市民。”

“因为我已经接受了被驱赶的命运。哈哈。”

两个人不仅没有主动提起不愉快的事情，还小心翼翼地避免着措辞，共同维护着什么对彼此来说重要的东西，却又被某种愉快到荒唐的气氛感染。也可能是因为隔了一个夏天没有见，心情像暑假归来的伙伴，互相打量着，有点不好意思地发现彼此都晒得很黑，也长了体重，哈哈大笑一通之后便感觉自己多出些成年人的郑重。虽然演出泡汤，也打算高高兴兴地去吃顿饺子。

“你知道这个公园怎么回事吗？”走到半途洲突然又笑成一团。

“怎么了？”

“北京的朋友告诉我那里是同志公园，说了一些惊世骇俗的事情。我回香港的时候和朋友去海心公园听老伯们唱歌，想起来就和他们说了一点公园的事情，他们打赌我不敢去那里唱歌。那我肯定得试试看。所以还特意做了浪漫的海报。当然我确实向来很浪漫的。”

“遇见好看男孩了吗？”

“好看的男孩女孩统统没有。就是一个平平静静的小公园！锻炼，下棋，唱京剧。我还跑到小山上转了一圈，大家三三两两站着，也没有人来和我搭讪。反正就是自己把自己搞得疑神疑鬼。”

“怪没劲的啊。讲不定刚碰到治理。”

“后来管理员过来驱赶我之前，有个大伯问我要不要一起去劲松那里唱卡拉OK，他说他们还有十来个人，大家AA，一个人三十块钱。”

“什么样的大伯？”

“普普通通的大伯。”

“你有没有看过王小波？这么好奇不如去看看《东宫西宫》。”

“讲的什么？”

“我也不知道，我没看过。”

“我以为你们都喜欢王小波。”

“不好说。讲不定你会喜欢，我也想知道你的看法。毕竟是在不一样的语境下。”

“语境哪里不一样了？繁体字也是一种语境吗？”

他们正穿过吵闹的王府井，往美术馆的方向走。气氛中出现非常短暂的严肃和皱褶，只要不使劲，不触碰，过一会儿便会自动抚平，被新的事物或者心情替代。但是致远的心却在这个停顿间涌起懊恼和悔恨的情绪，他不得不突兀地说："我真的感觉非常抱歉。"

"是挺可惜。天气真好，本来我们应该在踢球的。"

"踢球随时都可以。你别岔开话题。"

"要凑齐人，要有合适的时间和场地，哪里容易。反倒是你，为什么觉得音乐节那么重要。做成了一次，没有做成一次，又有什么区别。你总在说什么破釜沉舟的决心，要说我有什么不理解你的地方，可能不理解的就是你的决心。为什么我们要煞有介事地谈论着正经事，以为是成人的一部分，以为在搭建着什么了不起的世界，其实——"

"其实什么。"

"嘘嘘嘘。王菲。"

"唉！你这样没法和你认真讲话。"

"真的是王菲啊。"

致远转过头去。靠，真的是王菲啊！两个人顿时都一动不动。她穿着牛仔裤和格子衬衫，独自从一扇门里走出来，迈着很大的步子，不躲闪，不遮掩，堂堂正正地穿过稀落的人群，轻盈地迅速消失在暗下去的马路上。真美啊，为什么会有这么美的人。像梦一样破坏了短暂的现实，在空气中惊扰起一层奇妙的涟漪。

“天哪。”

“是啊。”

“好正啊。”

然后他们回过神来，却忘记了或者不愿意再接上刚刚没有说完的话，饥肠辘辘，天色未晚，而最喜欢的饺子店已经出现在跟前。

第二天音乐节还是如期举办，结束之后音像社立刻解除了好几份乐队合同，其中也包括致远负责的重庆小乐队，他们共同策划的第一张唱片在失望涣散的情绪下宣告失败和终止，以最好的形态停留在了想象与观念中。主唱小A成为了致远第一个离开北京的朋友，致远正好请了假，和他一起回到重庆，想要透透气。

他们过去的排练房在一幢山坡上的破楼里，楼顶上开着一间火锅店。晚上致远和新认识的朋友在那里吃火锅，破天荒地喝了不少酒，一直到将近天亮。绕城轻轨在视线可及的楼宇间穿梭，还有坡上高高低低的LED广告牌，非常魔幻。原本这些场景都会出现在唱片里，火锅，四川话，穿过长江的缆车。谈起这些，大家都沉默。接着小A说到洲："以前第一个乐队叫小绿洲，是因为很喜欢洲的缘故。但是不好意思承认，所以有人问起就只解释说自己是绿洲乐队的粉丝。虽然一边是香港，一边是重庆，却觉得他在音乐里构造了什么没有边界的地址，让我们都可以容身其中。真可惜，原本以为终于要认识他了。"

这是重要的。这是大陆这个词语新的定义。这是被洲忽视的意义。致远在回程的火车上反复想着小A的话，回去就要告诉洲啊，一回去就要告诉洲！他怀着这样愉快的决心看着窗外大片的山地，感觉自己正在穿越不可叙述的庞大。然而等他回到北京时，洲已经去了伦敦，在跟随一名著名DJ学习了半年之后，搬回了香港。他用这种委婉的方式和这里的朋友不告而别。公园里失败的演出和关于王小波的讨论也被洲写成了歌，而致远始终在想，当时他们应该把要讲的话都讲完。

2009年，致远来到香港出差。事先查好路线，在机场买了一张八达通卡，坐机场快线到中环，再转地铁到达铜锣湾的酒店。路上经过一段隧道，突然看见闪闪发光的大海，是致远人生中第一次看到海，车厢非常安静，冷气很足，仿佛贴着海平面滑行，然后看到山，浓重的绿色植物，山上又有各种房子，也有耸立着的高楼，空气透亮，被阳光照着同样闪闪发光。真美啊，这就是香港了！

那段时间音像社代理了几位选秀明星，获得集团不计成本的资金支持，可以说是赶上了一个小小的浪头，因此用起钱来非常大方，塑造着新产业的形象，出差预订的酒店也在铜锣湾很好的位置。一面窗户对着城市，办公楼和商场，干净明亮，灰青色的路面刷着黄色的繁体字标志。一面窗户对着山坡，能望见豪宅的游泳池，远处的高尔夫球场，再远处一点点的海，海边的大片绿地，以及云层底下的高楼。致远在窗前站了很久，注视着天空投下的阴影在地面移动。

他花了一些时间适应外面的闷热和潮湿，很快学会熟练地坐荃湾线往返于港岛和九龙两地。地铁站空空的，街道错综复杂，上坡下坡，很多陌生的树木和花。客户是位长了他将近二十岁的中年人，一头整洁的齐耳长发，戴着金属框的眼镜。但是他礼貌，谦逊，精神，对大陆的年轻人和音乐市场很好奇，问了很多问题。他带致远在茶室喝了早茶，经过重庆大厦的时候特意指给他看，路上出现很多印度人，既忙碌，又自在。其实那部电影并没有给致远留下什么深刻的印象，但他也礼貌地将之视为某种刻板的印象而接受了下来。之后他们一起去黄大仙烧了香，致远觉得很奇怪，但是他依然认真地许了愿望，并在告别之前约定了第二天的会议时间。

致远完成工作以后才给洲发了邮件。自从洲离开北京以后他们极少联络，但是洲在博客和脸书里更新着恒定的内容。普通而美味的食物。游戏和体育比赛评论。海面的风景。日常与不日常的所见所闻。作为旁观者也在这样的恒定中被消解了时代的思虑和不安。这样即便很久没有见，却觉得始终参与着他的生活。洲很快回复，说好第二天早晨见面，一起去海边玩，一会儿又发来一封邮件要他带好泳裤和防晒霜。

致远的双肩包里塞着毛巾和拖鞋，在约定的商场等洲。洲突然从人群中出现，也背着双肩包，穿着网球鞋和短裤，直冲着致远张开双臂说，欢迎来香港。致远有点吃惊，尽管洲看起来和在北京时一样，穿着同样的T恤，却能感觉到有什么地方发生了明显的变化。直观地说起来，他的身上那种不可描述的模糊性消失了。但是惊诧的情绪很快被强烈得多的快乐取代。

太久不见了啊！两个人重重地拍拍彼此的肩膀。

尽管是工作日的早晨，却完全没有堵车，道路井然有序。小巴司机开得飞快，下坡时也完全不减速，致远不得不紧紧地握住把手。洲却很镇定，他坐在前面，抱着双肩包，不时和司机用粤语交谈，大致是在说新闻里面刚刚公布的某项政策。而他们所用的粤语又仿佛和洲唱片里用到的粤语不同。有点聒噪，又有种厌倦的气氛。致远意识到，洲变成了一个清晰的香港青年，以后或许也会变成客户这样整洁礼貌的中年人。但是致远不清楚是因为北京有能力模糊一些定义和边界，还是因为香港过分锐利和确凿。多半和地域并没有关系。致远没有再往下想，反正这种感觉很快被窗外美好的风景冲淡了。

他们在码头下车搭船。船上有几个自己带着冲浪板和装备的年轻人。船也开得飞快，一个个的浪打上来，有经验的乘客都打起了伞。这样，感觉穿过了山穿过了海，等到他们脱光上衣跳进海里时却还不到中午。

是一个非常可爱的小岛，几乎都是本地青年。沙滩上石子很多，零落地搭着帐篷。一群拿着冲浪板的初学者从俱乐部里走出来，欢呼雀跃着奔向大海。致远不禁也想加入他们。洲也换好了冲浪服，从熟识的租赁店拿了两块冲浪板，简单地教了致远一些基本动作，两个人便各自在海里等浪来。致远连吃了数个浪以后找到一些窍门，短暂地站起来一瞬，被一个浪打到了海底，挣扎着浮起来以后又迎头扑来另外一个浪。底下的礁石非常粗糙，致远觉得自己一定已经划伤了小腿，而且海水的温度比想象中低很多，这样他只好拖着冲浪板回到沙滩上，从小摊买了维他豆奶和鱼蛋，坐在躺椅上等洲。有人在旁边石头砌起来的炭炉上烤整条的鱿鱼，锅子里则煮着小螃蟹。香气扑鼻，令人一时搞不清自己身在哪里。有时候他远远地看到洲，早晨的阳光把浪上的人都晒成金色。

等致远睡了一觉醒来，洲已经回来了，插着耳机在喝可乐。

“今天的浪不好，又短又急。”

“是吗？再长一点我可能就死了。”

“不过你来的时间正好。前几天挂八号风球，断水断电。风眼经过的时候，我只好收拾了一个包，带着水，躲到了车库里。人类真是脆弱到没劲。”

“你住在这里？”

“我现在住在红磡。透过好几栋楼的间隙能看到维多利亚港和对面的港岛。”

“哇。”

“很破的楼啦。背面对着方方正正的殡仪馆。”

“这样没事吗？我小时候看过很多香港恐怖片，真的很可怕。”

“你好傻。香港恐怖片都很弱智。”

致远哈哈笑着，又去买了两瓶维他奶，递给洲一瓶。

“维他奶真好喝啊。”他发出满足的叹息。

“我还比较想念北京的瓷罐酸奶。早知道你要来应该叫你带来。”

“这里真美，我可以一直待在这里。”

“不会啦。你不会这样想的。相信我。四季如夏让人产生永远年轻的幻觉，但我们都会厌倦的，你和我一样，根本不是会相信幻觉的人。”

“冬天也这么热吗？”

“差不多啦，有一点点变化。”

“那你怎么摆脱幻觉？”

“我出生在这里啊。一整年的海风还是可以感觉到盐度和黏度的不同。”

洲这样说着，致远不由自主地使劲呼吸了一会儿，也想感受风的质地。然后两个人都饿了，归还了冲浪板，找到公用的水龙头冲去了皮肤和头发里面的盐，到附近的排档一人吃了一大碗牛肉粉配一杯连杯子都是冷冻过的咸柠汽水，便搭上了回程的船。洲坐在船舷上提议晚上如果没有安排的话，可以见几个朋友，带他去有趣的地方。致远自然答应了，问他具体要去哪里，他又笑笑不吱声，而且似乎忘记了致远不习惯陌生人，或者是认为致远已经将之视为理所当然。风浪依然很大，船晃得非常厉害，但是致远也感觉到疲惫的坦然。

回到九龙以后，他们坐在吉野家里等洲的朋友过来。致远要了双拼饭和烤青花鱼。

“你怎么还吃得下？”

“我想试试看这里的吉野家和北京的有没有区别。”

“幼稚。”

“我们现在算是言归于好了。”

“你在说什么？”

“离开北京的时候不告而别也算是在赌气吧。”

“那天我们从饺子店出来，我就和你握手告别。我们不会平白无故地握手。”

“你那会儿就想好要走了。不还是在赌气吗？”

“就算当时为了这样那样的事情懊恼，也不是赌气。我非常喜欢北京的，杂乱和生机勃勃的劲头，规则没有闭合，各种形态的年轻人都能找到停留的缝隙。我也像是再历了一次青春期。我这样说不是恋旧，确实黄金时代的香港就是自由自在，机会俯拾皆是，人们自然也没有想到如果不去维护，一切都有消失的那一天。现在才发现成长期中最珍贵的东西都在失去，而且会消失得无影无踪，不仅仅是天星码头这样的实体。奇怪的是我在北京才有了这样觉醒的审视，既看到了美好的东西，又看到了丧失的过程。所以迫不及待地想要回来做些什么，保存些什么，也没错吧？”

“唔。”

“唉，你为什么要逼我讲这些煽情话。你觉得这里的双拼饭怎么样？”

“几好啦。”

致远继续埋头吃饭，洲的手机开始不断震动，他进出了几次打电话，发消息。致远因为提起这样的话题而感觉悔恨，逼迫朋友做出辩解，本身就是一种破坏。

八点的时候，洲的朋友开来一辆又小又干净的铃木北斗星，等到致远钻进去才发现里面超负荷装载。司机和前座的年轻男人，后面原本已经坐着一对情侣，再加上致远和洲，以及地上和后备箱不大的空隙里堆着一箱箱的饮用水，饼干和泡面之类的盒装食物，应急灯和便携音响装备。

他们用粤语和致远打招呼，致远也用简单的粤语回答。他一落座便立刻感觉到车厢里有种奇怪的肃穆气氛。大家也热忱地交谈，却与白天的小巴司机不同，他们语速飞快，语调坚决，仿佛一桩事件或一个小小时代接近尾声时那样，流露出愈发激烈也愈发厌倦的神态。洲虽然很少说话，身体却绷紧和前倾，是非常陌生的肢体语言。致远几乎听不懂他们在说什么。然而不是陌生的语言，而是其他什么。冷冷的，紧张的东西，将他隔绝在这一边。他们却是那里完整的紧凑的小小世界，用语言的屏障强调着彼此间坚固的情谊。致远没有听清楚他们的名字，而且他们有着相似的精神面貌，极其礼貌，明亮和年轻，同时怀着具有破坏性的固执和天真，使得致远一时很难将他们清晰地区分成个体。

小车行驶在一些窄窄的街道间，然后开上一截高架，能够看到两侧紧紧挨着的旧楼，外墙年久开裂，像是终年被雨水浇灌。车窗开着，冷气也开到了最大，致远感觉他正随着新朋友们来到城市的背面。在片刻安静的间隙，他的目光先与洲交汇，洲的眼睛闪着湿润的热烈的光。然后是身边沉默的女生，她像一头小小的鹿，眼睛也和鹿一样平静温柔。致远被作为外来者的天然戒备心所折磨，却又迫切想要知道，他们要去哪里，他们要做什么。他甚至不由自主地被愈发严肃和躁动的情绪感染，想要怀着捍卫和骄傲的心情成为他们群体中的一员。

小车最终停在了一片不起眼的街心公园旁边。大家利落地自两边下车后，齐心从车里往外搬东西。致远注意到公园外面拉着警戒线，几个警察在聊天，又有几个警察从对面饭馆里拿着盒饭走出来，一派友善松散的气氛。然后有几个新面孔的年轻人加入进来，大家打着招呼，点头问好，接过水和食物往公园里面走，致远和洲搭手拖着一箱音响设备和电线跟在他们身后。

一小段黑暗的小径之后是一片奇异的景象。

公园小小的草坪上支满野营帐篷，映着路灯，应急灯，手电筒和一点点蜡烛的光。年轻人以各自的帐篷为中心有序地渗透在所有缝隙间。大家在聊天，看书，睡觉，交谈，写作业。每个人都待在自己的位置上，互不打扰地做自己的事情。看起来既不像是静坐，也不像是狂欢。地上拖着电源，有人支着电饭煲煮饭和面条。四周围拢着树木，被湿热的风吹得哗哗响。没有荷尔蒙的气息流动，却有种脱离日常的恍惚和美，是近未来小说里热爱描述的寂静场景。所有人都仿佛已经在这里住了很久，或者向来就住在这里，并且创造出一套只有在这里才能运行的规则。有人持续地搬运水和食物进来，没有组织者，却自然形成秩序，有不同的种类和路线。流动厕所门口排着整齐的队伍，大家都是一副不用担心时间的模样。不时有骑摩托的外卖员送来比萨和炸鸡，人群里便爆发出小小一阵欢呼，外卖员仿佛也受到了极大的鼓舞，真诚热情地对他们说加油啊。致远抬着箱子跟随着洲从帐篷之间穿过，不相识的人也抬头朝他们致意，或者拍拍他们的肩膀，都是亮晶晶的眼睛。

这使得致远想起到北京的第一个夜晚，音乐节上的帐篷和排练厅里彻夜无休的人。但是不一样，北京的风干燥凉爽，携带着灰尘的气味，令人想象在遥远的某处，有人正在空旷的野地里焚烧整个夏天落下的枯叶和荒草。而这里的风来自四面八方的大海，无序，陌生，带着大自然的决意。致远的内心受到了无以名状的冲击，以至于无法发问，也无法开口与洲交谈。

然后洲在一个帐篷前面停下来，他们把东西放下。里面的人正在一盏小小的应急灯下面打扑克牌，旁边放着啤酒和三明治。他们看到洲，纷纷探出头来，开心地打招呼，和洲互相拍着肩膀，然后洲说带了一个朋友来帮忙，他们便也拍拍致远的肩膀，用粤语和他打招呼。致远有点感激洲没有介绍他是谁，这样他短暂地认为自己也是这个群体的一部分，他被邀请钻进帐篷里，新的朋友递给他啤酒。帐篷里非常挤，味道也不太愉快，有人伸手打开天窗，然后他们收起扑克，打开电脑，严肃地商量起重要的事情。致远试图跟上他们的语速和节奏，思绪却一再被牵扯到他处，他在想上一次主动置身于集体中是什么时候，或者是否真实存在过。

他们都是附近一个现场演出俱乐部的管理者，乐队成员，常客或者歌迷。俱乐部原本改建自废旧厂区中的一间仓库，当时香港的制造业转移到了内陆城市，很多工业区处于闲置状态。这间俱乐部虽然不是最出名的，却始终庇护刚刚出道的本地小乐队。之后附近的工业区被开发商收购，俱乐部所在地正在规划之中，租约在不知情的情况下被废除了。虽然也有保留俱乐部的可能性，但是租金的上涨难以承受。年轻人一方面希望开发商能够怀有一颗保护本土文化的心，另外一方面也希望政府能够给予政策上的支持。请愿活动已经持续了一段时间，从最初占领的整条马路收缩到街心公园的小小范围，大部分人在失望沮丧中离开，剩下的人大多是乐队和俱乐部的相关人士，或者坚定的浪漫分子。然而临近尾声时人们的心声也自然有了分化。部分人希望温和地结束，认为最重要的是表达立场。另外部分人则寻求确凿可行的出路，不愿意将整件事情浪漫化。剩下的人无法决定，游移在中间。然而身处任何一个部分的人都是快乐的，抱有改变世界的愿望，相信自己有选择的权利，并且能够付诸行动。

令致远感觉意外的是，洲选择站在浪漫的反面。他提出明确和实际的要求，那是比天空中的飞艇更为具体的东西。然而为什么要意外，这曾经是他们友谊的开始，只是之后这份友谊走向了虚构的纵深，几乎遗弃了与现实世界的连接。直到洲在这个夜晚打破了结界。

这时候洲用粤语对致远说了一句什么。他回过神来没有听清。

洲又用普通话讲："你会不会开车？"

清清楚楚，是虚构的终结。

致远能清晰地感觉到周围的空气中有一个微妙的停顿，而更令人几乎感觉羞愧的是，他不得不用普通话回答："我不会开车。"他不属于他们，而且他什么都做不了。于是等到他再次坐回小车，他已经在洲明确的提示下，成为了这片小小的公园区域里，唯一的旁观青年。

换了洲开车，致远坐在副驾驶位上，车里只剩下他们两个人。谁都没有讲话，车厢里留存着战斗时热烈的心慌和忧伤的兴奋，却都和致远失去了关系。小车穿行在上坡下坡的单行道间，很多很多的植物在深深的夜晚散发着好闻的香气。然而这里不是低像素的游戏世界，他们也不是并肩在荒原上的兄弟。唉，就连沉默都变得那么难熬。致远很清楚，如果不是伙伴，那便是对立面。边界没有办法被模糊，而旁观是可耻的。旁观者向来从属于庞大的被反对的部分。但是在他内心的某一部分，既委屈又愤怒，他在责怪洲。他认为洲破坏了友情的协定，放纵出一片茫茫的灰色区域。

洲把车停在工厂区域的阴影处，距离公园的直线距离并不远。然后他熄了火，告诉致远说不要离开，在车里等他回来。之后致远回想起来时才意识到，洲在当时或许是打算独自去做一些比天上的飞艇更重大也更切实的事情。他应该问问洲的计划，是否需要帮忙，他应该选择始终站在洲的这一边。但是他没有，他近乎赌气地保持着沉默。

于是洲拍拍他的肩膀，依然是郑重其事地。之后消失在破落的楼宇间。

这是最漫长的夜晚。致远独自坐在车里，不知道洲的去向，会发生什么，他是否会回来。隔开几条马路，能听见从公园里传来的轻轻的音乐声和笑声，也或许是幻觉。他从仪表盘下面的储物盒里找到洲的唱片，于是转动钥匙打开了引擎，把唱片塞进CD槽口。熟悉的歌，几乎每首他都可以跟着哼，他从这里学会最初的几句粤语。但是直到现在他才略微能理解一点点置身其中的同情与失望。而今天也是永恒，现在他平静下来，湿热的风吹过来，毛孔稍稍收紧，他的皮肤和头发里还有白日大海的味道。到底哪种快乐是悬浮或者幻觉，他也非常疑虑。只是这种或者那种快乐都是脆弱的。而他和洲不一样的是，在此之前，他从未意识到快乐终将被毁灭，也从未练习着去承担这种毁灭。

马路对面缓慢地走过来一小队警察，他们停下来，对讲机发出断断续续的电流声和指示声。然后其中一个朝小车走过来。致远摇下车窗，思索着应该和他说什么，他并没有发慌，却有一种荒谬的愿望，想和他交谈，问他一些问题。但是当警察停下来的时候，耳边传来更为清晰的歌声，不是CD卡槽里面的哼唱，而是真实的存在。有一辆小皮卡从他们旁边经过，缓慢地往公园的方向行驶，车顶安着一对小小的喇叭，一个平凡的年轻女孩站在那里，对着麦克风唱动听的粤语歌。音响很差，声音迅速在湿热的空气中散开，不知道她在唱的是什么，是从没有听过的歌。

但是过分动人。大家都静止不动，像是在楼宇间等待飞船经过。过了好一会儿，警察回过神来，敲敲车窗说："同学，记得早点回家啦。"

致远搭第二天早晨的飞机回到北京。他在机场的便利店买了几份早报。昨晚的香港平平静静，没有任何不好的事情发生。

2011年，致远妈来到北京做胃部切除手术，之后终于回到县城继续化疗。她没有住在自己家里，而是和母亲住在一起，经常吵架，并不太开心。但是直到致远离开北京之前，她都住在那里。尽管她的人生遭遇了物理性的重创，爱过她的人全部离散，她却没有失去天真的热忱，依然激烈地反抗家人，善良多情，在一切地方担当不合时宜的角色。惹人讨厌，也令人同情。她并不需要致远，她反复在电话里告诉致远，算命的说她还会有一段不错的婚姻，所以她还能活一会儿。但是她也不怕死，可以死去就死去好了。总之她不需要致远回来，甚至表示有点烦恼，但是致远回来了，她也不得不接受。而且致远使她摆脱了母亲那里亲情的羁绊。接下来，他俩恢复了一部分旧的日常，但谁都不急着应对现实，后来生活非常自然地铺开，也没有出现什么大的问题。致远回到国营书店上班，在办公室里重新获得一个职位。他回来以后，过了几年，单位才又招聘了一些毫无才干的年轻人。

离开北京不是被动的选择，也不是厌倦或者失望，和雾霾更是没有一丁点关系。这是深思熟虑以后的主动，但是致远可以对别人解释说他是被动的，他需要回县城去照顾家人，得知消息的人不知道该不该流露出同情，如何安慰才恰到好处，便不会质疑或者劝阻他的决定。

搬家的时候他尽可能地扔东西，看到自行车的时候又涌起一点伤感，这么多年过去，这辆车风雨里来去一直没有被偷掉，之后不骑了也放在房间里，成为理所当然的存在。但是轮胎都坏了，无法修补，不得不放弃。他想象自己将展开一段更为严肃的人生，甚至卖掉了游戏机。离开北京的前夜，致远和约好来取游戏机的男孩在家里附近的操场见面，两个人坐在操场边喝着水，交流了游戏经验。致远顺手把带着的滑板也送给了他，并且教他在水泥地上玩了一会儿。男孩跌了一跤，两个人都哈哈大笑。男孩问他为什么要卖东西，他说他要离开北京了。男孩也不是北京人，但是他耸耸肩，站起来拍拍裤子上的灰，大概年纪小小的时候，觉得来来去去都不是什么了不起的事情。

洲在此之前已经出了第二张唱片，名字叫《基本美》。封面上是一张拍摄于十年前的黑白照片，团体合影，便是致远在三里屯第一次见到洲的那个晚上。谁拍的照片，致远完全不记得，他自己却在照片正中间，手肘撑在小桌上，认真地听旁边的洲讲话。照片里面还有小马，老冯，其他年轻人。每个人都姿态不同，提供着很多故事线，之后确实也朝着不一样的地方走去。不可避免的事情如期发生，比如说洲真的开始秃头。

唱片里收录了十首歌，大多和北京相关，或者确切地说和致远相关。有关香港的歌只有他们坐在吉野家里等朋友时的那场对话——这里的吉野家味道到底和北京有没有两样。洲也好，致远也好，都没有说清楚。洲的歌又踩破了界限，变成了叙事，却也没有诗性，几乎就是他自己的博客。给业内人士一种他是在恶意玩笑的不良印象。导致刚刚发行的时候，致远在北京的那些旧同事，都有些愤怒，认为他要不是极度傲慢，要不就是极度狡猾，对音乐性的无视更加不可原谅。而且他们纷纷认为那根本不是北京的青年生活，真实的生活更复杂和动人，而洲所概括的只是肤浅的伤感。

当时致远已经和洲中断了联络。因为没有任何具体的事情发生，所以也不记得是从什么时候开始不再联系。但是从香港告别以后，两个人都有意识地想为友谊去做点什么，结果就有点完蛋，彼此间只感觉到笨拙的尴尬，仿佛站在山头，面对低像素的海滩和灯塔，再也没有办法放下盾牌，坐下来吹吹风。他们就此也成为两条故事线上的人。然而致远在听到这张唱片时所感觉到的疑虑是独一无二的——洲复述的生活真的是他们经历的生活？那些对话被省略和更改之后表达的是原来的情境吗？他们之间是层层叠叠的误解，还是日常与虚构的河流？以及他自己，为什么有种难以描述，并且想要回避的愧疚？

批评和谩骂的劲头过去以后，这张唱片缓慢地红了起来。歌名被引用于各种杂志，代表着稍稍偏离日常的时髦和叛逆。歌词有种轻松的颓废，符合年轻人的自我映射。另外，那些低成本低像素的 MV 真的太棒了。像是最容易得到的幻觉或者美景，怀着无限的嘲弄和无限的浪漫。给人一种我也可以这样，这就是我的生活，或者接下来我一定要这样生活下去的感觉。

之后如前面所说，洲拿到几个了不起的奖项，又去了很厉害的地方演出。骂他的人纷纷沉默，却疑虑着究竟什么是时代精神，不过这种珍贵的自我审视消逝得也很快。紧接着腐坏的媒体闻风开始挖掘负面新闻，很快洲和男友在岛上冲浪时的照片被拍了下来。但其实照片非常可爱，洲变得比致远印象中更加健康，他和男友并没有什么亲密的举动，两个人穿着普通的T恤和短裤，站在小摊旁边轻松地喝着可乐，像放暑假出来的同学。这样的照片带来和报道的期望完全相反的效果，歌迷们也很想要学冲浪，或者在下沉的世界里拥有一段度假般的情感关系。

洲的博客在那段时间里关闭了。不是出于主观上的选择，而是整个博客平台在新一轮浪潮的冲击下被替代。所以继论坛之后，博客也消亡了，仿佛一场物理性的删除。大家抱怨挣扎了一会儿，便也高兴地去往了下一个时代。在洲使用的那个博客网站彻底关闭之前，致远用了两个晚上把洲在过去几年里写过的东西重新整理成文档，然而大部分的照片已经因为失效而无法保存。在他重新翻阅那些博客时，他吃惊地意识到洲在北京时的情绪是多么复杂，那些以沮丧为底色的快乐和平静，或者挣扎和呼喊，只有在时间过去很久以后才会露出痕迹。而致远自己在发泄着伤心和难过时，却有过一段真正的快乐，但快乐建立在无知和模糊上，也令人不愿意再提起。他同时也惊异于原来他们对于各种问题的看法是多么的不同，却被更动人的情感所驱使，一边忽视，一边构建。

有的时候致远认为洲所希望的那个未来和他一点关系也没有，他不想在那个未来里。有的时候他又认为自己正和洲一起迈向困境重重的自由。就是这样，一半是反对，一半却一致，中间掺杂着很多疑虑，沮丧和短暂的开心。他对生活的看法也好，对世界的想法也好，差不多也是这样，以后总归也会带着这样的心情继续活着。

致远妈在之后一年的年底去世。奇怪的是，她去世以后，那些爱她的人又都回来了，抛却怨念和彼此间的成见，非常自然地各自承担起她的一部分身后事，表现得仗义和热忱，使得一切都有序运转。而致远只是被督促着，完成自己的基本义务，再继续进行下一桩。等到追悼会的当天，大雪，致远爸终于搭上最后一班小巴。他们两个人反倒成为现场的局外人，甚至连悲恸都无需明确表达。所有人真切的哭声，百合花和冬青叶的香味，铅桶里焚烧的锡箔，完全已经变成老人的爸。奇妙啊！人生中真正重大的事情反倒像是超现实的梦。

晚上等到众人散去，致远去旅馆里见爸。他们泡了两杯茶，坐在床边，也不感觉拘谨，像两个关系疏远又互相尊重的成年人那样聊了一会儿。桌上摆着一沓稿纸，致远爸说他正在写作。

“研究的项目吗？”

“不是的。我在写一个小说。”

咳。什么小说！爆破的烟雾啊，宇宙的秘密啊，致远一点也不想知道。

离开旅馆的时候雪完全停了，天空很暗，地上的积雪是黑的，路上偶尔出现的人穿着巨大的棉袄，缓慢挪动。致远想起和洲，小马，老冯一起开车从北京去天津玩。也是这样雪后的天气。道路中间的雪都被清除了，但是结冰，不得不把车开得很慢。那是老冯用来拉货的第一辆车，破破烂烂，取暖坏了，大家开心地挤在一起。本来想着要去天津听相声，结果也没有听，不知道玩了些什么，都忘光了。而路中的聊天和风景，却因为被洲写成了歌而得以被永远记住。现在致远就哼着这首歌，行走在黑暗的冰天雪地中，沿途有一些小旅馆，亮着破旧的霓虹灯。一片美学的荒原。无以描述的悲痛从四面八方涌来，他眼前发黑，不得不停下哼唱，在心里大哭一场。

人生的别离理应不是这样，但他又能怎么做呢，不还是如此，假装是一段游戏的存档，高高的山头，两个郑重的，挥手告别的朋友。

2017年，哦不对。醒醒吧。这里已经是2018年的世界。在得知有关洲的最后消息的夜晚，致远怀着难以描述的心情，抛下手机里的新闻，登录了遗弃很久的游戏。游戏在几年前便不再接受新用户注册，也停止了地图的更新，但依然有人在做日常维护。想象孤单的服务器在那位程序员家里兢兢业业地运作，仿佛末日之后幸存着的场景。从某种意义上来说，这里是致远和洲最后见面的地方。当他们不再联络以后，偶尔依然会在地图上相遇，稍稍走上一段。很多ID已经永久退场，成为灰色，有时候只有他们俩，在这一边的世界里一个地图接一个地图地往下走，仿佛在另外一个星球进行一场没有头绪的冒险，给那个从一开始就不存在的精神世界抹上物质性的一笔。直到洲的ID也变成永恒的灰色，致远则从那时起，便被困在庞大的森林里寻找宝藏。没有头绪，也不得脱身。周围的湖泊和山崖都已经寻遍，起初还能碰到零星的人，如今只剩下被机器控制的精灵在固定之所游荡，得不到任何线索。致远穿过一片丰茂的牧场，洲的马群还在那里安静地徘徊和进食。翻过跟前的山便是沙滩和灯塔的所在地，但是他停在瀑布下，那里住着高个子精灵。

“你好。好久不见。”

“夏天结束了。”

“最近见过我的朋友吗？”

“朋友啊朋友，彼此亲切，一旦离别也绝不惋惜。”

“还有其他人在吗？”

“年轻的勇者，不如去世界频道求助。”精灵和致远一起抬头，低像素的雨水——HELP。

二〇一七年九月

图书在版编目（CIP）数据

基本美 / 周嘉宁著 . — 桂林：广西师范大学出版社，2018.4
ISBN 978-7-5598-0761-8

Ⅰ . ①基… Ⅱ . ①周… Ⅲ . ①短篇小说 – 小说集 –
中国 – 当代 Ⅳ . ① I247.7

中国版本图书馆 CIP 数据核字 (2018) 第 057078 号

广西师范大学出版社出版发行
广西桂林市五里店路 9 号 邮政编码：541001
网址：www.bbtpress.com

出 版 人：张艺兵
特约编辑：张诗扬
责任编辑：马步匀
封面设计：陆智昌
内文制作：马志方
Cover illustrations by Taku Bannai
全国新华书店经销
发行热线：010-64284815
山东鸿君杰文化发展有限公司 印刷

开本：787mm × 1092mm 1/32
印张：8 字数：100 千字
2018 年 4 月第 1 版 2018 年 4 月第 1 次印刷
定价：42.00元